智能融媒体时代教育管理改革文集

主　编　宋金宝
副主编　战京娟　王咏梅　高　鹏

中国传媒大学出版社
·北京·

目　录

构建立足学科特色和突出质量贡献的科研评价体系的探索与实践

——以中国传媒大学为例

宋金宝

摘要:《深化新时代教育评价改革总体方案》(后文简称《总体方案》)发布后,各高校积极落实相关要求。本文首先介绍了各高校落实《总体方案》的基本情况,其次介绍了立足学科特色、着眼质量贡献的多元科学科研评价体系的构建路径,明确科研评价的对象和边界,解决了科研评价中"一把尺子量所有"的问题。

关键词:科研评价;高校;评价体系

一、引言

高校高度重视科研评价工作,依据科研工作规律和学科特色优势,不断丰富完善科研评价制度办法。2018 年全国教育大会召开以后,高校以坚决破除"唯论文"错误倾向为目标,持续推进统筹科学研究、教学研究、艺术创作及研究的科研评价制度改革。2020 年,中共中央、国务院出台《深化新时代教育评价改革总体方案》,教育部、科技部出台《关于规范高等学校 SCI 论文相关指标使用 树立正确评价导向的若干意见》,教育部印发《关于破除高校哲学社会科学研究评价中"唯论文"不良导向的若干意见》等文件,持续推进《总体方案》精神要求落实、落地、落细。

笔者在中国知网以"科研评价"为主题词检索出学术论文 396 篇。赵聚辉等(2021)利用 DEA-Malmquist 模型研究了东北三省"211"及省部共建高校与其他本科高等院校科研绩效评价。赵亚丽(2021)构建了人文社会科学科研绩效评价指标体系。许海军等(2021)构建了新时代技工院校教师科研能力评价体系。赵丹等(2021)研究了高校科研工作量评价体系及其实践应用。刘凤芹等(2021)就如何有效进行科研评价进行了探讨。

二、各高校落实情况

1. 清华大学坚决克服研究生学位评定中的“唯论文”倾向，把学术评价权牢牢抓在自己手中，确立了研究生申请学位的学术评价标准，即创新成果标准的原则要求。通过全校范围的广泛讨论、交流，大大提高师生对于“破五唯”的理解和认识，提高研究生培养质量，促进学术共同体和学术生态建设，持续提升办学品位，形成良好学术文化。

2. 北京大学不再将论文发表作为博士创新成果的单一评价标准，已经形成根据学科特点的各具特色的研究生学术创新成果综合评价机制。通过过程管理和评价，提高培养质量，推动创新成果的产生，多个开展相关做法的院系在实施综合评价后学生的成果产出不降反升。

3. 南京大学本着“尊重科研规律、尊重学科特色、尊重质量贡献、尊重分类多元”的原则，在原有的论文、专著等研究成果基础上，加强了对决策咨询报告、文献整理、学术译著、艺术创作等各类成果的认定，并在学校绩效考核和职称评定中给予充分肯定。成立人文社会科学综合评价研究院，全面统筹“中文社会科学引文索引”（CSSCI）、“中文学术图书引文索引”（CBKCI）、“中国智库索引”（CTTI）三大评价系统，通过构建三位一体的中文人文社会科学综合评价体系，服务中文学术期刊、学术图书、智库机构的高质量发展，在构建中文学术评价话语权、提升中文学术的国际影响力方面做了创新性探索。

4. 华中科技大学制定学校高水平科研成果引导激励政策，从学校层面统筹布局，多部门协同配合，坚持分类评价、同行评价、代表作制度等定量和定性相结合的综合评价原则，引导激励学校科技工作向更加注重质量、贡献和影响方面发展。

5. 山东大学坚持以质量和贡献为导向，完善科研业绩绩效分配办法，制定了“代表性科研业绩”“科研总量业绩”和“科研组织贡献”三类评价指标，改变原来只注重唯论文成果数量等评价方式，逐步加大代表性科研业绩评价权重，并关注学院和科研机构的科研组织能力，开展有组织的科研，极大提升了学院、科研机构和科技人员开展高水平研究，服务经济社会发展的积极性。完善科研绩效评价、引入专家论证及评判、实施分类评价等，为提升科研质量和社会贡献率营造良好的制度环境。

6. 兰州大学破除“五唯”“SCI 至上”等不良导向，实行分类分层、差别化考核评价。按照学科类别和岗位类别分类设置评价标准。教师晋升职称业绩标准的基本构成采用“3+X”模式，其中“3”表示教学、科研、社会服务三个方面基本工作业绩要求，

“X”表示体现岗位、学科、研究类型差异和特点的代表性学术成果。健全评价机制，完善评价程序，改进同行专家评议制度，实行院级小同行评议和校级大同行评议结合，校内同行评议和校外同行评议结合的评价方式。同时，完善代表性成果评价机制，送审代表性成果突出评价研究成果质量、原创价值和对经济社会发展实际贡献。

7. 中山大学根据岗位类型，分别设置教学研究并重岗、教学岗、研究岗。根据学科划分，分别按照人文、社科、理科、工科、医科、公共课等制定评价细则。人文科学注重学术理论水平和影响力；社会科学注重服务国家和地方决策需求、战略研究，支撑思想库智囊团建设；理科注重推动国际前沿的原创性科学研究；工科注重对接国家战略需求的自主知识产权和重大技术突破，以及成果转化产生的经济和社会价值；医科注重医学基础研究和应用性科技成果；公共课注重推动创新型人才培养的教育教学改革工程和重点教材建设等。

8. 中国人民大学确立多元考核、质量优先的评价原则，鼓励高水平研究成果产出。制定针对教学科研、教学为主、科研为主等不同类型教师的多元化考核评价体系；将学术论文、著作、译著、教材、教学案例、研究报告、普及读物、标准、国家专利、高水平艺术成果等多种成果形式纳入考核体系之中，充分尊重学科差异、基础研究与应用研究差异、理论研究与对策研究差异；量化考评与同行评议相结合。注重成果学术原创和实际应用价值，实施代表作制，充分发挥同行评议的学术认定功能。

9. 哈尔滨工程大学在教师专业技术职务评审中开始设置“特别申报”通道。“特别申报”是积极探索“代表性成果”评价的重要举措，对于破除职称评审中“五唯”现象起到了重要作用。“特别申报”通道设置目的在于不拘一格选拔人才，合理配置学校专业技术岗位。“特别申报”通道并不要求项目、论文、获奖等各种条件都满足，重点关注教师在人才培养与科学研究工作中的长板和取得的突出业绩。“特别申报”通道充分体现了国家、行业、地方政府和学校的意志导向，即国家和学校急需什么，就重点评什么。

10. 北京师范大学坚决克服“唯论文、唯帽子”的痼疾，注重科研创新质量和实际贡献。以智库成果评价、智库人才晋升为突破点，逐步拓展认可不同类型成果、不同科研活动、不同科研主体的科研贡献。

以上通过梳理中国东部、中部、西部、东北、西北、华南等不同地区的高校，综合高校、行业高校、特色高校等不同院校的做法，总结了目前中国高校对于《深化新时代教育评价改革总体方案》的落实情况。

三、中国传媒大学特色做法

（一）坚持把师德师风作为科研评价的根本标准

加强和改进师德建设主要措施，建立健全对违反师德规范行为的惩处制度，成立学术平台发展中心，加强学术委员会、学术道德委员会及伦理委员会的建设。坚决严格执行教育部、科技部、人社部、中宣部等上级部门的规定，在项目申报和成果发表等方面强化教师思想政治素质考察。坚决克服重科研轻教学、重教书轻育人的现象，把师德表现作为科研成果评价的首要要求，明确规定“有违学术道德、学术规范的项目成果，不纳入认定和评价范围”。

（二）坚决破除“唯论文”的错误导向，建立多元分类科研评价体系

自 2014 年起，开始探索具有办学特色的多元科研评价体系；2019 年，建立服务于学科分类发展、多类型成果评价、学术平台建设的“三维”成果评价体系，在全国高校率先实现了科学研究、教学研究和艺术创作及研究的打通认定。

1. 立足“双一流”建设，强化学科特色。根据以交叉学科为特色的多学科融合渗透、协调可持续发展的学科体系要求，尊重科研工作规律和学科发展实际，进一步修订科研成果评价细则。例如：引导理工学科注重科技成果转化和社会服务，出台《中国传媒大学科研成果转化实施办法》，更好地服务经济建设和社会发展；鼓励人文学科教师在主流媒体上发表文章，向政府和行业提供咨询报告；鼓励艺术学科教师进行艺术类成果创作并积极参与学生创作指导；鼓励语言类学科教师使用其他语种在国外正式学术期刊上发表学术论文，面向世界发出中国声音。

2. 深化教师科研评价改革，建立多元科研评价体系。设定科学研究类、教育教学类和创作类三大类科研项目和科研成果，并细分为科研项目、学术论文、学术著作、学术活动、学术获奖、知识产权、应用成果、教育教学改革项目、课程、教材、教改论文、教学获奖、教师指导奖、创作奖项、创作成果 15 小类，统一纳入认定与评价中，真正实现了不“唯论文”的目标。在职称评审、导师评聘、研究生毕业等环节中，不设论文类限制性条件，从论文论著、科研项目、成果转化与应用、科研与创作成果获奖、个人学术影响力等多方面进行综合考核。尤其是对取得重大理论创新成果、前沿技术突破、解决重大工程技术难题、在经济社会事业发展中做出重大贡献的教师，申报高级职称时论文不做限制性要求。

3. 坚持客观评价与主观评价相结合,完善同行专家评议机制。纠正片面地以教师学术头衔评价其学术水平的做法,不简单以刊物、头衔、荣誉、资历等判断论文质量,在科研成果科学量化评价的基础上,对高水平论著、创作成果、教师指导奖、学会奖、多语种外译论文等成果采用同行专家评议方式进行评价,确保评价客观公正。在科研年终考核中,通过对教师的创作成果及获奖情况、教师指导奖、学会奖、高水平论文、高水平专著采用同行专家评议方式,确保教师的劳动付出和智力投入都得到不同程度认可。

4. 坚持成果高质量导向,探索代表作制度。突出学科特色、成果质量和社会贡献,淡化论文收录数、引用率、奖项数等数量指标,防止"以刊评文""以刊代评""以人评文",不过度依赖国际数据和期刊,依据科研成果对国家、行业和社会的实际贡献及学术影响力进行评价。将学术论文分为:顶级(Top,T)、权威(Authoritative,A)、核心(Core,C)、扩展(Extension,E)四类,创新性地提出"TACE 高水平论文评价体系",并根据论文实际水平,适时调整刊物认定级别。其中,T 类论文主要指在国内外顶级学术期刊上发表的学术论文,A 类论文主要指在国内外权威学术期刊上发表的学术论文,C 类论文主要指 CSSCI 期刊论文、EI 期刊论文等,E 类论文主要指 CSSCI 扩展版期刊论文、EI 会议论文等。尝试通过同行评议选拔高水平论文,破除论文期刊级别,做到"以质评价"。

5. 尊重科研规律,坚持长周期评价制度。注重教师个人评价与团队评价相结合,科研人员职业发展与科研机构建设相结合,尊重教学和科研规律,鼓励教师潜心治学。坚持科教融合,鼓励教师指导学生开展科研活动、学术研究和艺术创作实践。出台实施《中国传媒大学专任教师年度目标考核管理办法》,在年度科研工作量考核的标准设定上,设置三年免考制,即在课题、论文、成果获奖、社会服务任意一方面取得高水平成绩的教师,都可以视为三年的科研基础工作量考核合格。

6. 正确引导学术方向,坚持破除科研功利化倾向。改进科研基本业务费使用绩效评价,引导教师加大对基础研究和重要研究的支持力度,根据党和国家的需要,启动思政研究专项、科研扶贫研究专项、党史研究专项、统战工作研究专项等专题研究工作。营造健康的学术氛围,破除功利化倾向,不将论文数、项目数、经费数等科研量化指标与绩效工资分配、奖励挂钩。

7. 坚持科教融合,突出科研对人才培养的支撑贡献。强化立德树人的根本任务,坚持人才培养的中心地位,在《现代传播(中国传媒大学学报)》《现代出版》《艺术传播研究》等学校高水平刊物开设高质量教学研究类学术专栏,向教学研究类学术成果倾斜。鼓励产出高水平教材,服务于教育教学,将教育教学改革项目、课程、教材、教改论文、教学获奖等教学类研究成果纳入科研成果认定。

(三)激发教师科研活力,提升学校科研整体实力

科研评价办法是高校最好的指挥棒,在中央文件精神的引领和相关配套文件的要求下,中传围绕建设世界知名高水平传媒大学的目标,落实国家科研政策,改革科研管理体制机制,以创新为灵魂,以质量为重心,逐步形成快速健康发展的科研管理模式,形成科研、教学、创作三者协调发展。具体表现在以下几个方面:

一是教职工科研创新热情高涨,学校整体科研实力不断提升。2019 年 11 月,“媒体融合与传播国家重点实验室(中国传媒大学)”正式获批,标志着学校高水平科研平台建设取得历史性飞跃。国家社科基金艺术学重大项目和国家重点研发计划项目实现零的突破。

二是通过政策引导和培育孵化,科研成果收效显著。学校涌现出了一批教育部高校科学研究(人文社会科学)优秀成果奖、北京市哲学社会科学优秀成果奖、精神文明建设“五个一工程”奖、中国电影金鸡奖、中国新闻奖、电视文艺“星光奖”优秀电视纪录片奖的获得者。

三是强化科研育人和创作育人成效,落实立德树人根本任务。以培养“弘道崇德,经世致用”的传媒人为基本目标,促进科研、教学、创作三足鼎立、协同发展,完善科教融合、产教融合、创教融合的育人机制和育人模式。科研成果及时融于教学工作,教学研究成果及时提炼出科学规律,创作实践带动师生联合创作,大大提升了人才培养的水平。推动通识教育,创建阳明书院、修辞学堂、设计思维学院,倡导主题聚焦下的多样化授课,推动经典阅读、创意写作和书院学习深入开展,发挥教育中“厚植文化涵养”“提升写作与反思能力”“孕育创新思维”的职能。

四、结论

《深化新时代教育评价改革总体方案》发布后,各高校积极落实相关要求。本文首先介绍了各高校落实《总体方案》的基本情况,其次介绍了立足学科特色、着眼质量贡献的多元科学科研评价体系的构建路径,明确科研评价的对象和边界,解决了科研评价中“一把尺子量所有”的问题。坚持育人为本,立足学科特色,树牢以质量、绩效、贡献为核心的评价导向,在评价标准、体系、机制、效能方面持续发力,推进科研评价制度改革,有效发挥科研评价对育人育才的引领带动作用,为全面建设社会主义现代化国家和中华民族伟大复兴培养更多优秀人才。

(宋金宝,中国传媒大学数据科学与智能媒体学院)

参考文献

刘凤芹,赵旭,李晓东,2021. 如何有效进行科研评价[J]. 河北林业科技(1):62-65.

许海军,崔进英,罗汉妮,2021. 新时代技工院校教师科研能力评价体系构建路径探究[J]. 职业(9):58-60.

赵丹,谢西林,王依群,等,2021. 高校科研工作量评价体系的构建研究及其实践应用[J]. 科教文汇(12):24-25.

赵聚辉,贺文昱,2021. 东北三省 211 及省部共建高校与其他本科高等院校科研绩效评价研究——基于 DEA-Malmquist 模型[J]. 科技与经济,34(3):16-20.

赵亚丽,2021. 人文社会科学科研绩效评价指标体系构建[J]. 科研管理,42(5):225-225.

大数据时代提升高校科研档案管理效能的路径浅析

王咏梅

摘要：大数据时代，众多高校的科研档案管理实际水平与科研档案管理效能要求之间存在很大的差距。具体表现为：科研档案管理的信息化建设依然处于“粗放式”的发展阶段，人性化的细节设计较为欠缺，且未形成闭环；科研管理人才队伍建设比较滞后，管理人员只是被动进行科研档案的“看护”；科研档案管理的信息安全化环节设置薄弱，一些重大科研数据和信息存在泄露风险；科研档案的信息共享机制尚未真正建立，“孤岛式”科研档案管理模式长期存在。高校应从多个维度探索解决这些较为突出问题的方法，以便尽快适应大数据时代高校科研档案管理模式的转型要求。

关键词：大数据；科研档案管理；信息化建设；科研管理人才队伍

一、引言

大数据时代的到来给高校科研档案管理工作注入了先进技术，工作获得了更多便捷，在科研档案管理工作改革进程中具有划时代意义。与此同时，它也给科研档案管理工作带来了诸多复杂挑战。各高校研究机构需要深刻认识大数据时代对科研档案管理提出的新要求，在现有困境和症结的基础上，努力探索出适应新时代新变化的新路径。

二、大数据时代对科研档案管理工作提出的新挑战

大数据时代的到来，将科学研究活动带入了“第四范式”阶段，利用大数据技术进行科学研究成为科研活动的主流。科研数据库的日益壮大使科研档案管理工作面临

全新的挑战：各项科研活动之间实现了更为紧密的要素流通，大规模、跨专业、跨机构的科研活动呈几何级数增长，由此产生海量科研档案；各种智能传感终端开始得到广泛应用，科研成果数据化的发展趋势日新月异；科研成果形式日益多样化，包含了多媒体数据如程序、平台、图像、音频，文献数据如期刊论文、标准、专利、学位论文、会议论文和各种实验数据，还有关联式数据如引用文献数据和关联标注数据等。

三、科研档案管理工作对传统泛化的管理模式提出深度转型的要求

在这种全新的形势下，科研档案管理工作对传统泛化的管理模式提出深度转型的要求，从纸质文件实物管理转向电子文件档案系统管理，需要通过更新与升级现有的档案技术系统来实现电子档案一站式管理；在加强档案资源建设上，紧扣“数量、质量、实效”三个环节，明确声像、实物、电子等特殊载体档案收集归档范围，加强收集整理、能够对各类科研档案进行专业化数字加工和分类，力求让各门类各载体电子档案齐全完整、分类准确、排列合理、编目规范。创建全新的关联标识并建立档案管理共享系统，提升科研档案管理工作人员技术水平和专业知识素养，使其一方面要能够迅速掌握各类科研档案管理的先进技术手段，另一方面还要能够具有充裕的专业知识素养，能够胜任对科研档案进行专业化加工的岗位新要求。

四、大数据时代科研档案管理工作面临问题的一些现实思索

国家科委、国家档案局等单位于 1987 年共同颁布实施的《科学技术研究档案管理暂行规定》中明确规定，科研工作和建档工作要实行“四同步”管理，即下达计划任务与提出科研文件材料的归档要求同步；检查计划进度与检查科研文件材料形成情况同步；验收、鉴定科研成果与验收、鉴定科研档案材料同步；上报登记和评审奖励科技成果以及科技人员提职考核与档案部门出具归档情况证明材料同步。在实际工作中，要注意档案的分类管理，档案收集，档案归档的完整性、准确性，经常对科研档案的形成、收集、归档工作进行检查，按时移交归档。但是，在大数据时代，高校科研档案管理工作在满足“四同步”管理要求时会遇到更多的现实障碍。首先，在科研档案收集阶段还没有彻底从“人工手动”向“数据采集”实现转型。近年来，已经有一些科研管理平台开始尝试运用先进技术手段进行科研档案的收集创新。然而，由于用于科研电子数据库技术革新的经费和各项资源还较为有限，目前采用新技术大大提升数据档案收集工作的科研管理平台只占少数，大部分仍停留在较为原始的人工收集科研档案的阶

段。其次,科研档案的存储和加工需要由"物理空间存储"向"数字化多维空间存储"转型,目前手段还比较落后,仅仅是动用大量人力上传,过程中难免造成项目科研数据不完整的情况。如何最大限度地开发已有科研档案库房的保管能力,实现库房信息自动化收集,是未来高校科研档案管理需要密切关注与思考的问题。最后,在科研档案的共享与安全保护阶段,面临着从"孤岛式"到加入"数据库网络"以及从安全意识淡薄到具备严密安全保护技术的转型等多重困难。传统科研档案管理是物理空间的封闭,但大数据背景下的科研档案管理却是共享模式的,如何确保科研档案的保密性,需要从理念到技术方面进行全面革新。

(王咏梅,中国传媒大学科学研究处)

交换满意度对创新行为的影响机制研究

高 鹏

摘要：本研究在领导—成员交换和工作满意度的基础上提出了交换满意度(Exchange Satisfaction)的概念,即个体对领导—成员交换质量的主观感知和满意程度。本研究以社会交换理论(Social Exchange Theory)为依据展开实证研究,充分融合管理学和心理学的理论精髓,提出交换满意度是否影响及怎样影响组织成员的态度与行为的问题,引入工作投入作为中介变量、团队创新氛围作为调节变量,通过对交换满意度的作用机制研究,进一步拓展基于满意度的态度、能力和行为的研究。

关键词：领导—成员交换;工作满意度;交换满意度

一、领导成员交换与工作满意度

(一)领导—成员交换的概念

领导—成员交换(Leader-Member Exchange,LMX)扎根于角色理论,并在后期发展中融入了社会交换理论的观点。领导会和一部分员工建立"特殊"的关系,这些员工会得到更多信任和关照,甚至享有特权,如工作更有自主性、灵活性,以及更多的升迁机会和报酬等,这些员工就是"圈内人"(In-group Member),其余员工则成为"圈外人"(Out-group Member)(Graen et al.,1995)。

LMX 经历了 40 年的发展,有着不同的演化阶段,虽然各个时段的关注重点有所不同,但各个学者对其本质的理解较为一致,即领导与员工之间的二元动态关系。因此,本研究认为,领导—成员交换是指领导和员工之间认知、反馈和互惠的动态交换过程,并在这个过程中,对领导和员工的组织行为及其所属的团队、组织和利益相关者产生影响。

（二）工作满意度的概念

梅奥领导并组织了“霍桑试验”，在实验中最早提出了“工作满意度”这一概念，在以泰勒为代表的科学管理中，忽略了“人”这一因素，以梅奥为代表的专家证明员工在工作过程中表现出的情绪和心理极大地影响了他的工作行为，提高其工作满意度水平以及小组生产力的决定性因素是员工周围的社会与心理因素。Hoppock 在 1935 年最早提出员工工作满意度的概念，他认为工作满意度是工作者在心理和生理两个方面对工作情景的满足感受，也就是员工对工作情境的反应。

工作满意度作为员工的一个重要态度变量，一直是学者们研究的焦点。所谓工作满意度（Job Satisfaction），是指员工在生理和心理上对外界环境因素的满意感受，是员工对工作情境的一种主观反应（Hoppock，1935）。这种主观反应可能涉及工作中的各个方面，这也是学者对工作满意度的维度探讨，例如工作本身、晋升、上级支持、报酬、管理方式、同事关系和工作条件等。尽管这些研究使工作满意度的研究逐渐从工作的单一视角转化为个人特质与工作环境的双元视角，但依然忽略了一个重要因素，就是员工与领导的二元关系，领导作为一种情境因素有着至关重要的作用。

（三）工作满意度的具体影响因素

1. 个体因素

个体的人格特征、情感因素和心理因素等都会影响到工作满意的程度。

人格特征。人格特征取向对员工工作满意度水平有一定的预测作用，例如，洪如玲和于强（2017）研究认为，员工主动性人格不仅对工作满意度有显著的直接效应，而且还能通过自我效能感和工作自主性的中介效应产生显著的间接效应。

情感因素。Judge（2001）归纳了对与工作满意度相关的情感性因素。此外已有研究证实，消极情感是影响员工工作满意度的重要因素（杨玉文，2010）。

心理因素。正念会影响个体的心绪状态，从而提高工作满意度（Hülsheger et al.，2013）。而柯江林和孙健敏（2014）的研究结果表明，事务型心理资本、人际心理资本和总体心理资本均有助于提高工作满意度。积极情感特质也会影响员工的工作满意度（朱玥 等，2016）。

此外，一项关于种族的研究表明，种族之间的相似性会影响员工的工作满意度，有趣的是，白人种族的工作满意度更高（Hoppe et al.，2014）。

2. 工作因素

工作特性是影响工作满意度的重要因素（Hackman et al.，1976）

工作压力。压力源和工作满意度之间存在显著相关关系，不同因素在影响满意度的压力源方面存在显著差异（李宗波 等，2014）。例如，许琪和戚晶晶（2016）研究发现，工作压力和家庭压力会使女性员工陷入更为严重的工作—家庭冲突，而且女性员工也更可能因为工作影响家庭而降低对工作的满意度。

职业特征。职业认同与工作满意度显著正相关（罗杰 等，2014），职业情绪劳动的需求正向影响员工的工作满意度（Bhave et al.，2016）；职业生涯高原的层级高原、内容高原和中心化高原都会对工作满意度有显著负向影响（谢宝国 等，2016）。

3. 组织因素

影响工作满意度的组织因素主要涉及组织层面的因素。例如，集体效能感、工作友谊、价值观协同性等（李欢欢 等，2015）。高质量的交换关系是否能够真正带来高水平的工作满意度？即与领导越近，其工作满意度越高？本研究认为，领导—成员交换关系作为领导和员工的二元互动结果（Wayne et al.，1990），其交换质量的绝对高低和相对高低都不能真正影响双方进一步的态度和行为。已有研究认为，领导和员工的领导—成员交换越一致，员工的工作投入和组织公民行为才会越高（Matta et al.，2015）。因此，只有适当的交换水平，即令个体满意的交换质量，才能更好地预测个体的态度和行为表现。基于此，本研究在工作满意度和领导—成员交换质量的基础上，拟提出一个新概念——交换满意度（Exchange Satisfaction），即个体对领导—成员交换质量的主观感知和满意程度。

二、交换满意度的提出

（一）交换满意度的概念

交换满意度是指个体对领导—成员交换质量的主观感知和满意程度。本文基于社会交换理论，探讨交换满意度对创新行为的影响，通过对交换满意度的作用机制研究，进一步拓展基于满意度的组织成员态度、能力和行为的研究。

（二）交换满意度的实际效能

交换满意度的产生、影响及作用机制可以用社会交换理论来解释。社会交换指的是利益互惠行为，当一方向另一方提供帮助和支持时，使对方有了回报的义务，但不知道对方是否会回报和什么时候回报，因此这种交换关系具有不确定性和风险（Blau，1956）。而交换满意度则很好地解释了这种不确定性和风险，决定了对方是否会回报以及何时回报。具体来说:(1)交换满意度决定了互惠的交换过程。领导会给予那些与他们拥有高交换质量的员工更多的支持、指导和资源(Graen et al.,1995),但是,员工是否会付出回报,则要取决于员工对这种交换质量的主观认知,如果员工认为,他们对自己与领导的交换质量的认知是积极的(满意),才会基于互惠的观点付出更多努力或者回报,即履行"付出—回报—再付出—再回报"的过程;但是,如果员工对这种关系质量持消极的情感(不满意),那么他们将不会继续付出和回报,二者的交换过程就此终止。(2)交换满意度是真正从领导和员工互动的双元视角探讨组织成员态度和行为影响因素的关键变量。以往研究认为,基于社会交换理论,领导—成员交换质量越高,组织成员有更好的态度和行为表现(Zhang et al.,2012)。但是,并非所有的高交换关系都能带来员工积极的态度与行为(Matta et al.,2015),更多取决于双方对这种关系质量的满意程度。只有双方对现有的关系质量有较高的满意度,才会继续"再付出—再回报"的交换过程,进而影响员工的态度与行为表现。

(三)交换满意度的意义

交换满意度的提出,拓宽了组织中满意度的内容范围。满意度是一种心理状态,是对某一事物或现象的主观感知和满意程度,"交换满意度"是个体对领导—成员交换质量的主观感知和满意度程度。正如Blau(1956)所说,社会交换是基于互惠原则的双方不断进行交换的过程,具体来说,一方向另一方提供帮助和支持,使对方有了回报的义务(Emerson,1976),但对方会对这种交换关系进行思考和权衡,再决定如何以及何时回报,从而增加了交换关系的不确定性和风险性。而满意度则很好地解释了这种不确定性和风险性,决定了对方是否会回报以及何时回报。当个体对这种交换关系感到满意时,他会及时给予对等的回报,顺利完成交换的"付出—回报"过程;但是如果个体对这种交换关系不满意,那么可能导致其回报行为的拖延和不对等,使交换过程无法继续。可见,当工作满意度和领导—成员交换发生交互作用时,交换满意度便产生了——交换满意度是在工作满意度和领导—成员交换的基础上提出来的,是对满意度相关研究的深入拓展,具有重要的理论意义和价值。

本研究围绕交换满意度展开,拟探讨其对组织成员态度与行为的影响。其中,研究对象为员工及其主管领导,研究内容中的态度是指领导和员工的工作投入,行为是指领导和员工的创新行为。

三、交换满意度对创新行为的影响

领导和员工对交换满意度的感知是怎样的？即交换满意度是否存在？如果存在，是什么？领导和员工的交换满意度对其创新行为是否有影响？如果有，影响效果是怎样的？交换满意度通过怎样的中介机制影响其创新行为？也就是说，领导和员工的交换满意度如何影响其创新行为？交换满意度对其态度与行为的影响取决于组织成员的心理状态和能力水平，因此，本研究引入员工工作投入程度（敬业度）作为中介变量，从活力、奉献和专注三个维度来分别探讨其中介机制。

社会交换理论的核心概念是交换（Exchange），组织管理研究领域的许多学者对此展开了丰富的研究（Blau，1956），领导—成员交换是其中研究的焦点。领导—成员交换是领导和员工的二元互动过程，在这个互动过程中充分体现了社会交换理论的互惠原则（Graen et al.，1995；Wayne et al.，1997），而真正决定领导—成员关系对组织成员态度和行为影响的关键是组织成员对领导—成员交换质量的主观感知和满意程度。因此，本研究以社会交换理论为主要的理论依据，探讨领导和员工的交换满意度对其创新行为的影响，这一过程是对社会交换理论的具体应用，是将社会交换理论运用到员工与领导的二元交换过程的研究中，是对组织成员在特定心理条件下的创新行为进行有效预测。

本研究延伸了对组织成员创新行为影响因素的相关理论。创新行为（Innovation Behavior）是一个多阶段不连续的过程，始于个体对问题的认知和思想的产生，随后个体基于此想法向他人寻求帮助，进而建立联盟，最终将想法实际地做成产品或者服务（Scott et al.，1994）。为了探讨如何有效地促进领导和员工的创新行为，学者们围绕员工个体和领导因素展开了一系列研究，发现了员工主动性人格（Seibert et al.，2001）、积极情感（Amabile，2005）和心理资本（Sweetman，2011）会影响员工的创新行为，此外领导层面的因素例如变革型领导（Ozaraili，2003；Gong et al.，2009）、家长式领导（王双龙，2015）和领导的支持（Kanter，1988）等。但是，不论是员工层面还是领导层面，都难以单独解释领导和员工创新行为的变异，因此，在一定程度上限制了研究结论的实践意义（Tireney et al.，1999）。本研究将领导的交换满意度（自上而下）和员工的交换满意度（自下而上）同时纳入模型，并且还将探讨二者的交互效应分别对领导和员工创新行为的影响，真正从二元互动的角度拓展了创新行为的相关研究。

四、交换满意度实际应用

第一，交换满意度是对领导—成员交换质量的主观感知和满意程度，是将工作满意度与领导—成员交换二者有效结合的产物，对于研究多元化时代背景下“复杂难管”的新型员工有特别的意义和价值，对于探讨如何更好地发挥组织的纽带作用，让组织成员开拓思维、勇于创新有着重要的贡献。现实管理中，领导者希望与员工有着不远不近的距离，即合适的领导—成员交换质量。但是，多元化背景下的新型员工，他们的性格和风格各异，对工作和领导也有着千奇百怪的“要求”和苛刻的“条件”，因此，如何激发这些员工的创造力和创新行为成为组织难题。在这种情况下，从领导和员工的二元互动入手，通过提高交换满意度来提升组织成员的创新行为具有更重要的意义。

第二，从领导和员工二元互动的角度提升组织成员的创新行为。毋庸置疑，在复杂而充满变化和竞争的环境中，创新是组织生存和胜出的有效策略，而组织创新最终要落实到组织内的个人身上，员工创造性活动是组织创新的核心要素，每个员工都可以成为出色的创新源。所以，切实提高每位组织成员的创新行为有着重要的实践意义。但创新与创造是一种自发性和自觉性很高的行为，并非靠一些简单的强制手段就能实现。因此，组织管理者可以从一些“软文化”入手，例如，领导和成员的二元互动关系，员工对于领导的敏感度较高，与领导之间合理并且满意的交换质量可以让员工将更多的时间和精力投入工作中，从而产生创新的想法和灵感，表现出创新行为。此外，对组织而言，仅仅提高员工的创新行为是远远不够的，作为领导者，更应该以身作则，表现出更多的创造力和创新行为。

第三，强调团队创新氛围的重要性。在工作中，员工是否能够创新，组织气氛起到了非常关键的作用，鼓励创新的组织气氛可以激发员工创新行为的产生和发展。必须使创新成为存在于企业各个部分、各个角落的一种气氛，促进每一位员工的创新行为，而不是将员工的创新行为当作一种偶发的活动或者被动的流程。由此，企业要大力培育鼓励创新的组织气氛，管理者能够重视为员工及其工作团队建立宽松自由的工作空间，提供充足的学习培训机会和创新资源，鼓励冒险、容忍失败。同时，企业构建内部的创新气氛要让员工切实感觉得到，而不是仅成为墙上的口号、纸上的文字。只有使员工沉浸在创新的氛围中，使他们看到的、听到的都是“创新”，员工才能克服传统文化的影响，创新行为才会不断涌现。

综上所述，现有学者基于不同的理论视角、采用不同的测量方式，对领导—成员交换的前因和结果变量研究较多,在 LMX 和员工的行为、绩效、态度、知觉变量的关系研究上取得了丰硕的成果。对于 LMX 的研究,现有学者从绝对领导—成员交换质量研究逐渐发展到相对领导—成员交换质量的研究(杨晓 等,2013),目的都是为了更全面地理解和认识领导及员工之间的二元关系。但不论交换质量的绝对高低还是相对高低,都不能真正影响双方进一步的态度和行为,这其中有一个个体认知和加工的过程。因此,未来研究者可以从个体对领导—成员交换质量的感知角度去进一步探讨和完善。

(高鹏,中国传媒大学科学研究处)

参考文献

洪如玲,于强,2017. 领导—下属互动视角下主动性人格对工作满意度的影响机制[J]. 华东经济管理,31(3):140-145.

柯江林,孙健敏,2014. 心理资本对工作满意度、组织承诺与离职倾向的影响[J]. 经济与管理研究(1):121-128.

李欢欢,李立,邹颖敏,等,2015. 基于个体—组织匹配的高校教师工作满意度与工作压力的关系[J]. 心理与行为研究,13(3):385-390.

罗杰,周瑗,陈维,等,2014. 教师职业认同与情感承诺的关系:工作满意度的中介作用[J]. 心理发展与教育,30(3):322-328.

谢宝国,龙立荣,2008. 职业生涯高原对员工工作满意度、组织承诺、离职意愿的影响[J]. 心理学报,40(8):927-938.

许琪,戚晶晶,2016. 工作—家庭冲突、性别角色与工作满意度——基于第三期中国妇女社会地位调查的实证研究[J]. 社会,36(3):192-215.

杨晓,师萍,安立仁,2013. 领导—成员交换理论的新拓展——相对领导—成员交换关系研究综述[J]. 外国经济与管理,35(10):72-80.

BHAVE D P,GLOMB T M,2016. The role of occupational emotional labor requirements on the surface acting-job satisfaction relationship[J]. Journal of management,42(3):722-741.

EMERSON R M,1976. Social exchange theory[J]. Annual review of sociology,2(1):335-362.

GRAEN G B,UHL-BIEN M,1995. Relationship-based approach to leadership:Development of leader-member exchange (LMX) theory of leadership over 25 years:Applying a multi-level multi-domain perspective[J]. The leadership quarterly,6(2):219-247.

HOPPE A,FUJISHIRO K,HEANEY C A,2014. Workplace racial/ethnic similarity,job satisfaction,and lumbar back health among warehouse workers:Asymmetric reactions across racial/ethnic groups[J]. Journal of organizational behavior,35(2):172-193.

HÜLSHEGER U R, ALBERTS H J, FEINHOLDT A, et al., 2013. Benefits of mindfulness at work: The role of mindfulness in emotion regulation, emotional exhaustion, and job satisfaction[J]. Journal of applied psychology, 98(2): 310.

JUDGE T A, BONO J E, ILIES R, et al., 2002. Personality and leadership: a qualitative and quantitative review[J]. Journal of applied psychology, 87(4): 765.

MATTA F K, SCOTT B A, KOOPMAN J, et al., 2015. Does seeing "eye to eye" affect work engagement and organizational citizenship behavior? A role theory perspective on LMX agreement[J]. Academy of management journal, 58(6): 1686-1708.

WAYNE S J, FERRIS G R, 1990. Influence tactics, affect, and exchange quality in supervisor-subordinate interactions: A laboratory experiment and field study[J]. Journal of Applied Psychology, 75(5): 487.

ZHANG Z, WWANG M O, SHI J, 2012. Leader-follower congruence in proactive personality and work outcomes: The mediating role of leader-member exchange[J]. Academy of management journal, 55(1): 111-130.

互联网时代科研管理手段创新路径探究

闫 蕾

摘要：互联网时代带来的是整个社会全方位的变化，而在科研管理方面，它一方面开阔了科研活动的思路，为科研创新创造了技术上的可能，另一方面也因为信息技术的高速发展给传统科研管理带来了新的挑战。互联网时代下创新科研管理手段，既要厘清思路，抓准核心要求，又要通过创新制度、搭建平台等手段实现科研管理信息化。

关键词：科研管理；互联网信息技术；精益管理；制度创新；模式共享

对科学知识的生产生活管理的过程中会产生相应的社会活动，这种社会活动就是科研管理，是科研活动的重要组成部分。在传统的科研管理中，计划安排、组织实施、监督调控、协调服务等过程多数采用人工手段管理，但随着信息技术的发展与学科交叉的趋势不断加深，势必给科研管理带来了更广、更深、更杂、更多的挑战。

伴随着互联网时代的蓬勃发展，科研管理已经开始依托信息技术进行手段方式上的革新，科研管理数据库、科研管理平台等虽然已有了实质上的进展，但科研管理在技术、知识、观念等层面仍然需要深化改革，更好地与互联网技术进行有机结合，打造真正的科研管理信息化新局面。本文希望通过分析科研管理创新的时代条件，提出科研管理创新的核心思路，探讨互联网时代下的科研管理手段创新路径。

一、科研管理创新的时代条件

目前，科研管理创新的有利条件，一方面是由于互联网技术的发展给科研管理带来了新的管理手段与工具，也同时启发了科研管理的思路转变；另一方面则是国家对于科学技术与创新的重视，给予了科研工作者与科研管理人员较高的自由度与政策支持，使科研管理的改革创新敢于迈向深水区，也有能力迈向深水区。

互联网技术的不断发展带来的是信息、数据及知识的数量级增长,传统科研管理工作中的数据收集处理分析手段往往过多依靠人力与书面文件,难以满足日益增长的信息处理速度、处理数量及质量的要求,这要求科研管理同样需要做出转变。同样,以大数据、智能终端、云服务等为代表的成熟的可迅速转化的互联网信息技术,正是互联网时代为科研管理创新创造的技术条件,可以有效提高科研管理的效率,为科研成果转化生产力增速。

2018 年 7 月 24 日,国务院发布《关于优化科研管理提升科研绩效若干措施的通知》(国发〔2018〕25 号,以下简称《通知》),核心是“建立完善以信任为前提的科研管理机制”,《通知》中主要提出了优化科研项目和经费管理、完善有利于创新的评价激励制度、强化科研项目绩效评价、完善分级责任担当机制以及开展基于绩效、诚信和能力的科研管理改革试点五项要求,预示着我国科研管理工作模式正在由传统的政策主导型向法律与政策交织型转变。这种制度性的规范是科研管理发展的内在要求使然,尊重了科学研究的“灵感瞬间性、方式随意性、路径不确定性”等特点,为打破过去行政权力主导的管理体制提供了强有力的政策支持与思想指导。

二、科研管理创新的核心思路

(一)精益管理,提升效能

《通知》中重点提到,要提高原始创新能力,壮大经济发展新动能,为经济高质量发展、建设世界科技强国作出更大贡献,这就意味着在发展中更要注重质量和效益的提升,也就是效能提升。企业管理中的“精益管理”就给科研管理创新提供了重要思路。“精”就是少投入,包括资源、时间和人力的投入;“益”就是高效率、高效益、高效能(杨乐 等,2021)。总而言之,“精益管理”所追求的目标就是降低成本、改善效率、提升效果、增长效益。

对于科研管理而言,关键是要找准科研过程中的浪费现象,即找准科研过程中出现的职能浪费、人力浪费、信息浪费等,利用互联网的信息收集与处理能力,通过精益管理手段中的找准分工定位、明确权责统一、规范标准流程、提高人员素质、控制信息管理等途径优化科研管理,从而最终达到提升效能的目标。

(二)以人为本,多方共建

对于科研管理的创新而言,区别主体是极为重要的前提。科研管理的主体,即参与科学技术研究活动的主体,以政府、高校、科研机构、企业为主(邹亚霏,2018)。在科研管理创新中区分主体,首先是可以有效突出重点环节、重点角色,使经费管理、人才评价、成果转化等机制真正为人的创造性这一科研中心环节服务,激发创新的活力与生命力。

此外,互联网时代下由于算法的存在,人的存在容易被标签化、符号化、数据化,因此更要注重以人为本的核心观念,改变长久以来的任务导向型思维,多方主体共同参与,通过政府的引导能力、高校的教育能力、科研机构的创新能力及企业的转化能力推动互联网技术在科研管理的应用上向着个性化、定制化、服务化方向发展,激励科研人员有底气、有信心、有耐心地自主创新,高效创新,最终实现创新能力的提高。

(三)制度建设,形成范式

传统的科研创新更多依靠科研人员一个或几个人在长久科研工作中的灵光乍现,对于科研成果的保护与转化也往往存在着流程长、难应用等阻碍,这都制约着科研管理现代化的进程。同时在互联网时代条件下,闭门造车的科研管理手段已经被淘汰,科研人员对信息共享与便捷传递的需求日益增长,但也由于网络环境的开放性与特殊性,导致相关信息存在着丢失、损坏或被剽窃等风险,为了创造安全、稳定、高效的科研环境,科研管理的创新开始向着制度建设、模式共享的方向演变。

建设科研信任、强化契约精神是科研管理制度建设的根本遵循,只有建设科研信任,弱化传统科研管理中的权力管理主体色彩,通过法律制度规范科研活动,才能变"你要做什么"为"我要做什么",变"义务重于权利"为"权利与义务相统一",要特别注重结合当下新技术与社会发展水平做足预设,充分考虑,平衡管理双方矛盾,加强服务意识,让制度真正成为科研助力。另外,可复制性是互联网信息技术的最大优势之一,对于有成效的科研管理手段要及时归纳整理,向处于相似情况下的相关科研管理主体进行推广,科研管理主体则要充分借鉴相关手段,切忌照搬照抄,要实事求是,一切从实际出发地应用优秀案例,最大程度地提高科研管理效率,为科研创新保驾护航。

三、科研管理创新的路径规划

(一)创新科研经费使用与绩效考评制度

科研经费使用制度的创新重点在于信息化项目的支出与传统科研经费项目审批流程的精简与审计。一方面,互联网信息技术的使用需要一定的硬件、软件设备,在传统的科研经费中较少存在这一项，因此会出现预算不足、报销流程慢等问题，在制度层面上应当给予信息化项目足够的重视，规范好信息化项目经费的使用与报销；另一方面，传统科研经费存在着项目冗杂、审批缓慢的问题，应对报销成为科研人员进行科研活动中的一大阻碍，同时，存在着经费使用不合理，人员劳务费占比过高等问题，这都需要在制度层面进行规范引导。第一，可以将科研经费项目进行合并精简，减少项目分类，尽可能便利报销流程。第二，给予科研项目主管人员更多自主权，在总预算不变的情况下可以根据实际情况调整经费支出，相关文件收据发票做好存档备份即可。第三，加强审计、提倡节约，将经费支出的考评纳入项目总考评内，防止巧立名目、弄虚作假，使科研经费真正落到实处。

除去经费使用制度改革外，科研绩效考评制度的改革也是制度改革的重点之一。尤其是在互联网时代下，绩效考评的数据处理效率得以提升，这更要求绩效考评流程的透明度与科学度，只有建设出公平科学的科研绩效考评制度，才能够充分发挥出考评制度的激励作用。第一，要以提高科研效率与实现科研公平有机统一为绩效考评的宗旨，尊重科研自由，维护科研人员相关利益。第二，科研绩效考评要做到分类别与分主体的有机统一，一方面对不同级别、不同类型的科研项目实行不同的考评方法，避免考评标准同质化，另一方面对同个项目要引入不同主体从多个维度进行自评、互评、他评等。第三，要使整个科研绩效考评流程透明化，做到事前有文件、事后有公示，并保留 3—5 年的复查权利，保障考评过程与结果的公平公正。

（二）搭建科研管理信息系统和平台

互联网时代的科研管理要充分发挥信息处理系统与平台的作用。信息处理系统与平台可以协助科研管理人员在庞大的信息海中迅速捕捉与传递关键信息，也可以结合相关信息对目前科研环境、科研需求做出精准研判，有效避免资源浪费，提高科研效率。而目前的科研管理多依托微信公共平台或是校内自建平台构建，功能往往比较局限，模块设计较少，且对内对外存在着一定的割裂情况，这都是没有真正利用好科研管理信息系统与平台，不能为科研管理创新提供有效的技术支持。

对于未来的科研管理信息系统和平台的搭建，应当首先做到信息管理系统与信息服务平台的联动协作，如在系统内做出的更改或上传相关信息在平台内即可调取与查阅。其次要完善与科研管理相关的功能，例如报表统计、项目审批等，都可在相关服务平台迅速完成，将科研人员从手续中解放出来。最后要对内对外做出不同设计并保障内外交互的顺利流畅，如对内可以与相关的人事部门、财务部门、后勤部门等相关联，能够随时根据需要调用资源；对外则与知网等科研网站平台深层次合作，查阅相关数据或文献在一个系统或平台内就能实现;内外交互上则要做到内部部门需要调取管理范围内科研人员的学术成果等数据时可以通过自身平台与外部平台对接,迅速抓取相关数据,最大程度提高工作效率。

(三)增强科研信息的交流共享

虽然科研管理信息系统与平台的建设日趋完备,但由于使用技术、挂靠平台的不同,出现了不同系统与平台之间的沟通壁垒,诞生出信息孤岛,与今天科研活动需要大量信息共享的现状产生矛盾,制约了科研管理的集约化、规模化发展,不利于整个社会科研资源的整合与利用。

要做到增强科研信息的交流共享,其一,应当有学术界公认的平台系统搭建标准,保证所建设的平台系统可以为其他科研人员所利用,降低相关学习成本。其二,最好能够依托云计算等技术建立一个统一端口接入的科研数据大平台,全方位多层次地实现协同服务管理,打破传播壁垒,实现资源共享、数据共享,减少因信息差产生学术造假等问题。其三,能够配套建设科研筹资平台,使社会力量能够及时关注科研最新动态,既可以拓宽经费来源,又可以成为科研成果转化的协作桥梁,发挥平台的整合作用。

(四)提高科研成果与生产力的转化能力

科研管理创新必须将提高科研成果与生产力的转化能力作为重要目标,在传统科研管理中,往往更加重视科研项目的研究而不注重科研成果的转化。这是因为转化周期漫长且经济效益不高,不能生产科研产品,继而无法在生活和生产的实际中得到应用。在互联网时代下,信息与技术的更迭速度不断加快,科研成果如果不能及时转化为生产力就可能迅速被新的技术或成果取代,最终导致的是资源浪费。

因此,提高科研成果与生产力的转化能力成为增强科研创新持续性与提高科研创新价值的必要环节。从科研管理的角度来说,首先,要结合市场思维设计管理科研工作,利用互联网信息技术的优势,对市场、用户做出充分研判,针对市场需求设计科研项目。其次,要根据不同项目特点,结合类似科研项目案例信息提前设计不同的项目成果转化方案,如自主研发产品、专利转让、知识投资等,力求科技成果得到最大效益转化。最后,要充分利用科研信息平台,对外释放相关信息,吸引投资人与开发者,精准分工,促进科研人员与市场人员的对接,进而促成科研成果及时、准确、高效地向生产力转化。

(五)营造良好的科研诚信氛围

良好的科研诚信氛围不仅能够有效惩治学术造假的行为,更是保护科研人员相关权益的重要支撑,只有科研环境清朗,才能让科研人员更有信心地投入到科研创新工作中,取得科研工作的进展。互联网信息技术更是为打击学术造假类行为提供了技术支持,通过数据收集计算分析工具(尤其是大数据追踪溯源与隐私安全工具等),可以最大限度地收集科研相关信息,使学术诚信检测贯穿于立项、审批、实施、结项等各环节,强化科研规范,提升科研管理的监督水平。

四、结语

科研管理本质上是一套复杂的运作系统,要做到管理手段的创新,不能只依靠行政手段上的命令,更需要结合时代条件、社会条件与科研环境的实践为样本,充分做出研判才能使科研管理手段不断与时俱进。尤其是在互联网时代,云计算、云储存、大数据等技术的迅速发展已经深刻改变了科研活动的流程、手段、主体等,科研管理更需要借助此类互联网信息技术,创新科研管理模式、提升科研管理水平,最终实现科研管理能力与科研管理体系的现代化。

(闫蕾,中国传媒大学科学研究处)

参考文献

习近平,2016. 为建设世界科技强国而奋斗——在全国科技创新大会、两院院士大会、中国科协第九次全国代表大会上的讲话[EB/OL]. (2016-6-3)[2023-8-6]. http://www.changyuan.gov.cn/sitesources/cyxrmzf/page_pc/ztzl/zxjpxsdzgtsshzysxzyxxsdxqxxzw/articlef5119d58aa1441b3934563265bd8ba0d.html? eqid=9ac015760004d99200000006643416eb&wd=&eqid=88d89dc60001af32000000056491b561.

杨乐,王红艳,2021. 高等院校科研管理现状、问题与对策研究——来自企业的方案[J]. 大学(25):5-7.

邹亚霏,2018. 大数据背景下我国科研管理的问题与对策研究[D]. 武汉科技大学.

融媒体时代新工科背景下基层团学组织优化的探索与实践

——以S学院团学组织优化为例

孙剑仪

摘要:共青团是党的助手和后备军,对青年发挥着重要的政治功能和育人功能。基层团学组织优化是加强高校党建的重要一环,也是基层团学组织促进自身建设和发展的重要途径。在融媒体新时代大环境下,以基层团组织优化为切入点,探究新工科背景下基层团学组织优化的实践路径。通过创新工作机制、强化思政引领、提升组织活力、培养骨干力量,为基层团学组织优化提供新思路,并以S学院团学组织优化为例,将立德树人教育任务切实与学生成长、成才紧密融合,真正促进大学生的全面发展。

关键词:融媒体;基层团学组织优化;新工科;立德树人

一、环境触发改革

(一)融媒体时代

习近平总书记指出,为了促进高校思想政治教育更好地发展,要推动传统媒体和新兴媒体的高度融合,这为发挥融媒体的优势,提升高校立德树人教育指明了方向。融媒体是一种理念媒体,在一定程度上说,是传统媒体和新兴媒体高度融合之后,形成了符合思想政治教育规律和大学生成长规律的"新"媒体。显然,不管是从检验思想政治教育实效性来说,还是从提升思想政治教育时效性来看,融媒体都有其独特的优势。

(二)基层团学组织优化

党的十九大报告指出,青年兴则国家兴,青年强则国家强。2015年,《中共中央关于加强和改进党的群团工作的意见》出台,要求团组织切实保持和增强政治性、先进性、群众性。在新时代背景下,高校基层团学组织作为高校的教育和管理工作中重要的组成部分,需积极创新工作思路和实践路径。

(三)新工科

“新工科”的“新”是一个动态的概念。党的十八大以来,习总书记多次指出,未来几十年,新一轮科技革命和产业革命将同我国加快经济发展形成历史性交汇,工程在社会中的作用发生了深刻变化,工程科技进步和创新成为推动人类社会发展的重要引擎。可见,在“新工科”背景下,对高校人才培养提出新要求,结合S学院办学基础和特色,以其团学组织优化为契机,助力培养多样化、创新型卓越工程科技人才,是顺应新形势、落实新要求的有益实践。

(四)立德树人根本任务

党的十八大将立德树人确立为教育事业的根本任务,党的十九大报告又进一步明确了立德树人的目标和任务,深刻诠释了高校思想政治教育工作的本质属性,高校思想政治教育工作是培养德、智、体、美、劳全面发展的重要途径,青年学生又是中国社会主义事业建设者的一部分。对于基层团学组织优化而言,除了有方向上的指引,还需在理论和实践层面去深入理解和落实立德树人的根本任务。

二、创新工作机制

(一)团学组织定位

2015年7月8日,在党中央的群团工作会议上,习近平总书记明确指出“政治性是群团组织的灵魂”,团委是党领导先进青年的群团组织,其根本性质是党性与政治性,引领广大青年,坚决贯彻党的理论和主张,促进广大青年在实践中践行党的理论和思想,提升青年的思想认识,帮助广大青年积极向党组织靠拢。

学生会、研究生会应在团委的指导下,但不依赖团委的指导,逐步建立学院学生会主席团负责制。学生会、研究生会是学生自我服务、自我管理、自我教育、自我监督的主体组织,是群众自治组织。应推动其依法依章、独立自主地开展工作,从而真正发挥学生会、研究生会育人功效。学生会成员应通过选举方式产生。

(二)团学组织优化

当前,S学院团学组织是党委派产生的群众组织,其骨干接受党组织的委派和任命,下设两个部门——组织部和宣传部;学生会代表本科生权益,下设五个部门,分别为就业实践部、文化事业部、生活服务部、体育部、外联部;研究生会代表研究生权益,下设宣传部和学术部。

基于S学院新工科特色,以及现有职能存在的定位不清、职责不均、功能缺失、任务交叉等问题,对现有机构进行调整:将团委下设的"宣传部"分为"宣传组""设计组""监管组";学生会、研究生会应在团委的指导下,但不依赖团委的指导,逐步建立学院学生会主席团负责制,并将学生会在原有的五个部门基础上增加"学习发展部"和"科技部"。

三、强化思政引领

随着融媒体时代到来,共青团思想教育宣传工作面临新的任务和挑战。全国高校思政工作会议指出,做好高校思想政治工作,要因事而化、因时而进、因势而新,要运用新媒体、新技术同信息技术高度融合,增强时代感和吸引力。微信公众号、视频号是当前网络思政的主要平台,在公众号中设置微党课、微团课、党日活动、团日活动、主题教育、主题学习等版块,微信视频号同步配合补充。

四、提升组织活力

学生会、研究生会是代表学生利益的自主化学生自治组织,需要积极建立贴近学生的沟通平台和机制,高度关联学生关注的信息,加强联系服务和引导,促进教师和学生密切联系,教学相长、共同提高。与此同时,打造符合"新工科"学院特色,且贴近学生日常学习和生活需求的品牌活动,提升组织的活力和战斗力。

学生会、研究生会微信公众号设置科技研学、就业实践、志愿服务、人物专访、活动导航等主要版块,其中活动导航包含的子版块进一步细化为文娱、体育、生活等方面。同时,基于新工科特点,将立德树人的目标和任务通过团学组织优化,融入教育的每一个环节,促使基层团学组织与时俱进,在激发学生自主性的同时,帮助青年学生自觉树立正确的世界观、人生观、价值观。

五、培养骨干力量

团学组织骨干作为学生群体中的佼佼者,一般都是经由层层选拔脱颖而出的,肩负着“自我管理、自我服务、自我教育”的职责。团学组织骨干的培养在基层团委工作中占据重要地位,适时适度的指导和培养可以帮助学生更快地适应角色、强化思想、增强能力、承担责任,进而更好地在青年学生群体中发挥榜样引领作用,更好地践行基层团学组织的价值与目标,促进学院与学生更好地发展。

学生骨干除了要综合能力强,更重要的是能够起到模范带头作用,形成榜样力量,形成带动作用。基于此,对于骨干的选拔、考核显得尤为重要,优化选拔、考评制度也是必不可少的一步,明确学生干部选拔聘用标准和考核标准,结合学生德、智、体、美、劳等方面进行多维评价,通过信息化管理模式形成考评结果,考查学生的“榜样度”和“带动力”,对考评优异者给予表彰并将其纳入团学组织储备干部的“蓄水池”里。在此基础上,在学生干部中树立创先争优意识,建立健全精神与物质结合的奖励机制,提高学生干部工作的积极性,构建组织良性循环的新路径、新闭环。

六、结语

总而言之,在融媒体的视域下,高校是思想政治教育和意识形态建设的主阵地,基层团学组织发展的健康性和实效性是更好地服务青年学生的基础。通过以上的探索与实践,S 学院基层学团组织在新工科背景下,结合自身实际情况,创新工作机制,明晰自身定位,因地制宜地推进组织优化,在强化思想引领的基础上进一步提升了组织活力。同时,通过强化学院对培养骨干力量的重视,达到充分发挥学生骨干主动性、自主性的目的,使其真正成为学院与学生之间高质量交流的桥梁和纽带。

(孙剑仪,中国传媒大学数据科学与智能媒体学院)

参考文献

丛亮,2019. 融媒体时代高校思想政治教育工作面临的挑战及应对. [J]. 思想理论教育(11):82-85.

金剑琳,2022. 新时期高校思政教育落实立德树人任务的策略. [J]. 山西财经大学学报,44(S2):57-60.

张洪峰,2017. 高校基层团学组织建设实践与探索. [J]. 北京教育(10):27-30.

张薇,2021. 高校共青团改革背景下基层团委工作创新实践探究. [J]. 作家天地(26):187-188.

非线性递进:移动互联网时代受众的审美活动革新*

王燕妮

摘要:借助于互联网和移动终端技术的进步,社会的日常生活方式和文化形态发生转变。审美活动是文化形态的一种,从传统时期到机械化时期,再到移动互联网时期,受众的审美活动出现了明显的革新。具体表现为,审美标准由"神圣化"到"大众化"再到"小众化",审美体验与接受活动由"静观默察"到主动参与再到沉浸式,审美创造活动由"完全割裂"到互动参与再到边界模糊。与传统时期和机械化时期相比,移动互联网时期受众的审美活动在保持审美连续性的同时,呈现出非线性递进发展的趋势。

关键词:移动互联网;审美标准;审美体验;审美接受;审美创造

一、移动互联网的发展与审美视角

随着5G、大数据、物联网等技术的加速发展,互联网思维已经成为社会生活的底层逻辑。互联网作为一种普及率极高的技术手段,在潜移默化中重塑了我们的生活,尤其是移动互联网的发展,让联通方式由"网络"到"个人"的单向传播转变为"人"与"人"的网状传播,信息发布主体由门户网站等公共媒体转变为"个人用户",信息接受方式由被动"灌输"转变为可供选择的"个性化定制"。自此,移动互联网摆脱了"Web1.0"时期信息流向单一、信息不对称的局面,进入移动化、社交化的"Web2.0"时期,并朝智能化、虚拟化的"Web3.0"时期迈进。中国互联网络信息中心(CNNIC)发

* 本文系中国传媒大学博士科研提升项目"以人民为中心的网络文艺良性生态构建策略研究"(项目编号:CUC220D002)阶段性研究成果。

布的第51次《中国互联网络发展状况统计报告》数据显示,截至2022年12月,我国网民规模达到10.67亿,互联网普及率达到75.6%;我国手机网民规模达到10.65亿,网民使用手机上网的比例达到99.8%,手机在上网设备中占据主导地位。通过数据可知,随着智能手机、车载电脑和智能设备等为代表的移动互联终端技术的进一步发展,我们的日常生活与移动互联网技术之间的关系会更加紧密,这也促使具有时代特征的文化艺术现象的生成。

互联网技术的更新与迭代推动社会生活越来越趋向民主、平等、透明和自由,人们的社会行为数字化、智能化程度进一步加深的同时,时代的社会意识形态、文化、艺术和哲学的知识体系也随之更新,技术、生活方式和社会文化形态变革在推动大众审美转变上的作用愈加明显,受众在进行审美活动时,新的审美标准、体验、接受和创造逐渐浮现。网络基础设施建设的持续扩展带来的艺术信息及内容获取便利性、低成本性,以及互联网终端的便携性,让审美活动由原来的小部分"精英"受众活动衍化为去深度的、多元多极的、社交化的大众"日常狂欢",审美活动变革不断扩展现有观念与意识的范畴,展现出审美标准、体验、接受到创造的全方位立体式变革。

进入"Web3.0"时期,在对受众审美活动的审视中,无法忽略本时期与传统艺术时期和机械化时期的本质性差别,更需要融合对移动互联网媒介技术特性和传播特性的透彻思辨。在新的形势和时代文化背景下,如何去理解和处理审美活动中面临的新现象和新问题,就需要将受众角度作为一个突破点,对审美活动进行重新审视。在审美标准上,如何理解从"神圣化"到"大众化"再到"小众化"的问题;在审美体验和接受上,如何理解受众从"静观默察"到主动参与再到沉浸式的问题;在审美创造上,如何理解受众对艺术作品的"主动参与"和"再生产"的问题。

因此,本文以受众的审美活动为主要研究对象,以审美标准、审美体验与接受和审美创造为主要观察点,比较分析移动互联网时代受众的审美活动与以往传统时期和机械化时期大众审美活动的差别。

二、审美标准:由"神圣化"到"大众化"再到"小众化"

审美标准是审美主体在审美过程中对审美对象的美丑进行衡量所依据的审美价值尺度和原则,它在一定程度上体现了审美主体的审美观念,这种审美观念不仅受到个人在审美过程当中形成的历史性的审美价值观(主观审美标准)的影响,还受到社会文化形态以及客观科学的审美价值观的影响(王筱卉 等,2017)。

由于艺术和生活存在较大的距离尺度,传统艺术的审美标准是"神圣化"的,这来源于人们对宗教神灵的敬畏。因为艺术的起源与巫术、宗教紧密相连,艺术家在创作时会刻意最大化艺术作品的“膜拜价值”。从柏拉图提出审美活动是人进入“迷狂”状态后对“理念世界”的回忆产生的“神秘力量”,到康德倡导审美的“无功利性”,再到鲍姆嘉通用“美学”概念来阐述人的感性活动,审美活动被赋予了“超然于物外”的印记,一直存封于一种“神圣化”的语境中。启蒙时期之后,特定阶层对话语权的操控加深了这种距离感,将艺术活动和审美活动置于凌空于现实生活的高地,审美活动要紧紧围绕遵循“神灵”意愿和特定阶层的需要。其次,艺术品的展示媒介与展示环境加剧了受众对艺术品“神圣感”的体验,艺术品被放置在诸如严肃的神庙、教堂、博物馆、沙龙等展示场所,这会让受众的审美活动先入为主地陷入对场所的惯性思维中。有些神像只有高级神职人员才能接近,难以被大众欣赏。受众群体限于精英人士、艺术家、艺术评论家等群体,这必然导致审美标准陷入优雅、高贵等单一标准中。

机械化时期,审美标准是大众化的。工业革命大大提高了艺术生产活动的效率,艺术品走下“神坛”,审美活动不再是特定受众群体的特权。同时,信息传播速度加快,传播手段变得更为丰富,大众文化随之而来。对于受众而言,丰富多样的艺术文化如雨后春笋般纷至沓来,让人在欣赏之余不自觉地落入流行的大潮中,审美标准由单一、严肃、神圣转变为多样、流行、花哨。审美活动表现为:一窝蜂地追随文化大潮,什么流行喜欢什么;一股脑儿地追求表象花哨,什么好看、什么娱乐喜欢什么。

移动互联网时期,审美标准是“小众化”的,更加强调受众的自我意识和个体地位。个体间审美标准的差异化带来了“圈层艺术文化”的划分,如竞技文化、二次元文化、达人文化、追星文化等,多类型的文化进一步强化了不同受众审美标准之间的界限。这首先有赖于互联网的大、广、深让受众有更多参与审美活动的机会,也使审美活动本身就打上了受众的个性化标签,不同受众个体之间的喜好、观点、兴趣都直接或间接影响艺术的生产与传播,聚集成不同的审美标准。其次,网络的透明、开放、自由为多元化的审美标准奠定了基础,消除了身份、地位、专业性及文化的区隔。最后,便携的智能终端弱化了审美活动的场所需求,对应地弱化了场所对审美活动的潜在影响,受众的审美活动不受时间、地点、方式的限制,不同的环境和场景为受众的审美活动带来差异化的体验,也影响着审美标准的多元化。

综上,受众的审美标准由小众的神圣化到流行的大众化再到多样的小众化。从表层来看,受众的圈层和审美标准似乎回归到传统时期的圈子窄化的状况,深究其中会发现,移动互联网时期的审美标准小众化不是受众数量的减少,而是群体的细分,不是受众遵从于审美标准,而是自主创造新的审美标准。无数审美价值独立的受众个体在移动互联网中寻找并构建自己的文化圈子,并且对审美的感知和判断更加独立,不再是努力向已有的、大众的标准靠拢,而是发现、探寻、总结、传播自己的审美标准。

三、审美体验与接受:由“静观默察”到主动参与再到沉浸式

传统的审美体验发生在审美主体与审美客体的“静观默察”过程中,受众主要通过视觉对审美客体进行自我意识的意向性映射,生成审美意象,产生愉悦感。这意味着受众必须要进入自身主观产生的意象与审美客体的表象交织的意境中,与审美客体发生实际的联系,剔除一切世俗功利的影响,获得最为本真的审美感受。审美客体的表现形式、色彩、线条等要素为受众的意象形成提供了基本物质条件,让受众追求“高强度、深层次、难以言说的瞬间性生命感悟”的审美体验,并成为“人生意义的瞬间生成”(王一川,1999)。这是一种单向、有距离的审美体验,被动的审美接受。这是因为在当时,面对面交流是审美信息传播与意见表达的主要载体,语言、表情和肢体动作等成为审美体验活动的“即时”交互工具,不借助任何技术手段和工具作为介质,表现出鲜明的人格交互属性,受众的审美体验从身体感官中来,到身体感官中去。

机械化时期,受众的审美体验活动变得更加近距离、更加主动,并趋向于互动。本雅明的美学理论认为,机械复制时代的艺术作品是工业规模化的、重复性的表述,冲击了传统艺术作品的“可阐述性”,弱化了艺术作品直观观照产生的联想、想象、评价等一系列审美过程。诸如报纸、杂志等传播媒介的出现,让受众的审美体验活动产生了视觉转向,利用“符号化”的手段将审美活动的内容转移到身体感官之外,带有传播工具属性的审美体验方式不再是直接作用于受众本体的“一次性审美体验”,而是“多次多级延时审美体验”,并且受众只能作为审美活动的“接受方”,且参与审美活动的感官仍以视觉为中心。

对艺术作品内涵的准确把握是互联网出现之前传统审美接受活动的终极目的。这意味着审美接受活动提前预设了一个终极的、不可变动的艺术作品想要呈现的“真理”。在审美接受的理论中,有人认为作者创造艺术作品时的意图就是艺术作品的内涵,这种内涵不能改变,所有的审美活动都是为了理解作者的最初创作意图进行的,为的是拉近自己与作者之间的思想差距,提高自身的站位。

移动互联网时代,各种移动终端的普及和推广让审美体验活动开始关注并追求“立体多维”的空间效果,移动互联网延伸了审美活动的格局,拓宽了审美活动的范畴,审美体验重新实现了“即时性”,受众的审美体验活动转向沉浸式。审美客体由现实客观的实物变成了虚拟的数据、信息,AR、VR、AI 等先进技术让受众与审美客体之间形成互动,受众不仅能通过视觉直观感受艺术作品,还能通过听觉、嗅觉、触觉等与

艺术作品进行多样化互动,全方位、系统化地对审美客体进行感知。甚至审美客体也呈现虚拟化、数字化的特征,审美客体可以是一个包含艺术信息的代码或者信息流。比如受众在社交平台上发布对某一艺术作品的感受,同时也能马上看到其他人对同一艺术作品的解析,以及他人对自己所发内容的评价。

在此时期,艺术作品是一种可以被重复、多样化解读的"文化符号"。人作为审美主体,相关符号的内在感知体验是审美内容质量的主要观照,移动互联网作为工具和媒介的"客体"直接受制于人的"主体性",不同移动互联网形态下的符号载体,通过引入不同程度的受众参与程度,又反作用于相关审美符号的主观体验。各种符合当下流行文化的创造性解读借助各类媒介载体实现广泛传播。"弹幕文化"的盛行促使各类型受众的"审美视域"和关注焦点以爆炸性方式瞬间呈现,加深了传统"视域融合"效应,形成"视域迭代"的现象,不断涌现出新的意义,数以万计的意见领袖迅速崛起。同时,关于艺术作品的接受不限于参照原始的审美客体,移动互联技术甚至允许受众可以更改原始的审美客体样貌,创造出新的可探讨的内容。

综上,由"静观默察"到主动参与再到沉浸式体验,受众的审美体验与接受活动似乎回归到了传统的"情景交融"状况。深究发现,受众的审美体验由原来"精神"的融入发展为"身心"的多感官融入,且传统的审美接受活动需要受众有一个"顿悟"的时间段,还要具备相关的知识量,移动互联网时期的审美接受活动可以让受众在多感官沉浸中快速"顿悟",且降低了对受众的知识储备量的要求,只要受众愿意参与其中,就能完成"情景交融""物我合一"的审美活动。

四、审美创造:由"完全割裂"到互动参与再到边界模糊

从受众审美活动的实际发生过程来看,"人"要借助工具和手段才能实现审美创造活动,因此,审美创造活动包括"人"和"工具"两方面。"人"是审美创造活动的核心主体,"工具"是审美创造活动的辅助体,即与审美创造活动相关的技术和手段。传统艺术中,受众与审美创造是完全分离的,二者之间有着明确的界限,受众只能被动接受,不能主动参与。机械化时期,艺术创造呈现出机械化、大规模、流水线式的生产模式,受众有了参与艺术创造的机会。他们或是高度介入,全程参与创造过程,成为创作内容举足轻重的组成部分;或是互动性参与,通过"边做边看"进行;或是决策性参与,通过发表言论和见解,实现"自我改造"和"他者评判"的目的。

移动互联网技术催生了信息生产方式的革新、信息产品形态的多样和商业模式的升级。审美创造活动的手段更丰富、空间更宽阔、方式更随机、形式更多样,生产力的

提高促成生产关系的调整，受众和创造者之间的界限越来越模糊，个人既可以是受众，又可以是审美创造者，且没有绝对化的职业与非职业分工。这是因为智能手机、平板电脑、智能终端在高速的网络环境下，已经可以将人类现有的媒介功能聚集在一起，随时随地获取审美体验和审美创造，并且科技已经由创作的形式转化成创作的内容，科技本身构成了审美创造的内在元素，并成为一种流行和时尚，并不断满足受众的社交需求、审美需求和创作需求。

综上，受众在审美创造中的角色定位由“完全割裂”到互动参与再到边界模糊，呈现出受众参与审美创作的意愿和程度越来越强。受众参与审美创造的范围不断拓展，更迎合了艺术在群众中产生，最终要往群众中去的理念，这不是审美创造活动专业性的降低，而是尊重受众和释放大众智慧的正确选择。“问渠哪得清如许？为有源头活水来”，审美创造活动对受众的开放促使了审美创造力的丰富和创造能力的创新与提升。

从传统时期到机械化时期，再到移动互联网时期，从受众的角度去观察审美标准、审美体验与接受、审美创造，会发现：首先，无论艺术样态如何丰富、无论审美标准如何细分，愉悦总是受众的共同目标；其次，审美体验无论是有形的或是无形的，优质的身心体验是最终追求，无论艺术呈现手段如何发达，受众的追求永远是审美接受的旨归；最后，无论审美创造方式如何多样、参与方式如何创新，受众总是艺术创造的源泉和动力。笔者综合比较发现，从传统时期到机械化时期再到移动互联网时期，受众的审美活动转向并非断崖式、线性递进式转折，而是或呈现出向传统“回归”的趋势，或呈现出与传统渐行渐远的趋势，本文将其称为非线性的革新。需要明确的是，我们在享受移动互联网对受众的审美活动带来的红利时，也要警惕审美活动逐渐向“娱乐化”“浅表化”和“泛滥化”等方向发展的不良倾向，避免我们的审美活动被技术或资本随意操纵。

（王燕妮，中国传媒大学经济与管理学院）

参考文献

陈思勤，2020. 论全媒体体验的审美类型[J]. 社会科学战线(4)：156-161.

霍美辰，李贺，2017. 互联网时代“虚拟现实游戏”的审美教育价值探究[J]. 传媒(12)：82-84.

李宁，2016. 互联网时代艺术的跨媒介叙事[J]. 民族艺术研究，29(3)：15-21.

王筱卉，朱力，2017. 移动互联网时代的审美意识革新探析[J]. 湘潭大学学报(哲学社会科学版)，41(5)：112-115.

王一川，1999. 审美体验论[M]. 天津：百花文艺出版社.

张慧喆，2018.“小微屏幕”的现代美学意义——互联网文化语境中影视观看行为和审美体验的嬗变[J].当代电影(6)：137-139.

张晶，2017.审美情感与审美构形[J].现代传播(中国传媒大学学报)，39(2)：80-85.

张晶，2018.媒介内在化与情感审美化[J].中国社会科学院研究生院学报(6)：57-64.

周建新，2019.传统化回归与螺旋式升级：论互联网时代传媒艺术审美活动的转向[J].现代传播(中国传媒大学学报)，41(1)：108-113.

智能融媒体时代下的数据驱动教育创新

范洁茹

摘要：本文深入探讨了在智能融媒体时代下，数据驱动在教育领域的创新和对教育创新的影响及其未来发展趋势。首先，通过分析教学模式的变革，阐述了数据驱动在实现“老师针对性教育、学生自主性学习”方面的关键作用。其次，我们讨论了“大数据+人工智能”的个性化学习，强调了通过精准教学和个性化定制学习路径与后期智能指导方案，为学生提供独特的学习体验。然而，数据驱动的教学模式为教育带来便利的同时，也带来了数据安全和隐私的挑战，我们要对数据保护重视起来，为教育者和被教育者提供全面又安全的了解数据驱动教育创新的视角。

关键词：智能融媒体；数据驱动；教育创新；大数据+人工智能

在智能融媒体时代的发展下，数据与技术的结合已经走向一个新的发展阶段。在坚持育人为本、全面推进素质教育的基础上，数据驱动带来教育的创新（薛从豪，2021）。教育不再仅仅是传统的教与学的模式，依托“大数据+人工智能”的概念，打造一种个性化、多样化的教学模式（徐延章，2023）。通过完整的数据驱动闭环，对学生和教师产生的数据进行采集、建模，再对其进行数据分析形成反馈。在新的发展理念下，对此模式的数据进行分析和收集学习，可定制个性化的智能指导与决策方案。教育融媒体的发展为学生在日常接触媒介过程中甄选信息提供了帮助，从而切实提高了学生的媒介素养。

数据驱动是利用大数据和数据分析技术，从数据中获取洞察和信息，以指导决策和行动。利用学生的学习数据、行为数据和评估数据，通过数据分析和挖掘，为教育决策、教学设计和学生支持提供科学依据和个性化指导，为学习提供更多样化和灵活的方式。学生可以通过在线学习平台、虚拟现实（VR）和增强现实（AR）等技术，以更直观、互动和个性化的方式进行学习（刘邦奇，2023）。这种变革使得学习更加有趣、吸引人，并且能够满足不同学生的学习需求。

一、数据驱动教育创新的新颖思路

从教育的数字化转型来看，其关键在于技术与教育的结合、学生的互动和数据驱动的结果评估（任航 等，2023）。通过教学模式的转变，达到“老师针对性教育、学生自主性学习”的状态。

数据驱动精准教学通过对学生进行测评，针对且有效地收集数据，最后引导和实施智能指导和教学决策。这需要教师和学生的配合与信任，教学目标更加准确地确定，学情更加精准地分析，教学改进更加精确地规划。在这个过程中，教师的教学策略得到了丰富，专业判断也变得更加敏锐，整个学校的教学质量不断提升。随着数据的不断积累，数据驱动的精准教学成为传统教学变革的重要途径。

在智能融媒体时代，学习体验也成了教育创新的一个重要方向。数据驱动的学习体验设计可以帮助教师更好地了解学生的学习需求和兴趣，并为学生提供个性化的学习体验，实现不仅在学习过程中的学习方式个性化，更是学习体验的个性化，做到新时代的“因材施教”（杨现民 等，2022）。所谓新时代“因材施教”的“材”，不仅局限于书本知识，更要促进学生全面地、有针对性地发展，如在线课程、虚拟实验室等。

可以通过学生的学习数据和反馈，了解学生的学习需求和兴趣。通过分析学生的学习记录和测验成绩，教师可以发现某个学生在哪些方面表现出较高的兴趣和能力。基于这个发现，教师可以为该学生提供更多与其相关的学习资源和活动，如网络安全竞赛、数据智能或数据隐私保护项目。这样，学生不仅在学习过程中能够根据自己的兴趣和能力进行个性化的学习，同时也能够获得与数据智能相关的个性化学习体验，激发学习的兴趣和动力。

与此同时，通过学生的学习数据和反馈，教师可以了解学生对不同学习方式的偏好。例如，某个学生可能更喜欢通过视觉方式学习，而另一个学生可能更喜欢通过听觉方式学习。基于这个了解，教师可以为学生提供适合他们学习方式的个性化学习资源和活动。对于视觉学习者，教师可以提供图表、图像和视频等视觉化的学习材料；对于听觉学习者，教师可以提供录音、讲解和音频材料等。这样，学生在学习过程中能够根据自己的学习方式进行个性化的学习，提高学习效果和兴趣度。

数据驱动的教学过程优化可以帮助教师更好地了解教学前、中、后存在的问题和需要改进的方面，并提供个性化指导和建议。

二、大数据+人工智能的教育应用

在智能融媒体时代，大数据技术为教育领域带来了深刻的变革。通过全面收集、分析和解释学生的学习数据，教育者能够更好地理解学生的学习习惯、强项和需要改进之处。

（一）收集和分析学生学习数据

大数据技术使得教育者和机构能够收集学生的学习数据，包括学前预习情况、在线学习行为、课堂互动度以及考试成绩等（毛政珍，2023）。通过这些详尽的数据，我们能够建立每个学生独特而全面的学习画像，深入了解他们对学习知识的需求和潜在问题。对学生数据的多方面分析还有助于融媒体更好地把握学生学习体验的行为，实现对学生体验的层层细化。这不仅彰显了教育者与学生之间的适应性关系，同时通过大数据智能推荐，我们能够向学生推荐更适合他们学习需求的资源（张文梅 等，2021）。

（二）教育资源优化和个性化推荐

在智能融媒体时代，通过在线教育平台有针对性地传播高质量的教育资源，特别是到农村和偏远地区，以缩小教育资源差距。

知识图谱作为人工智能在教育中的常见应用之一，凭借学生全局知识的基础，挖掘和处理大量知识内容，构建一个全面的知识体系，从而满足学生个性化学习的需求。

个性化定制学生的学习路径对提高学习效果至关重要。通过对学生学习数据的深度分析，教育者能够提供特定于个体需求的学习资源和支持。这种个性化定制有助于激发学生的学习兴趣，因为兴趣是最好的老师，热爱是最大的动力。当学生能够基于自身兴趣有选择性地定制学习内容时，他们更有可能全身心地投入学习中。

三、案例与挑战

（一）数据驱动创新教育案例

说到杭州萧山，首先想到的两个关键词就是“创新”和“机遇”。萧山区一直紧跟教学改革创新的步伐，2021 年，入选浙江省大数据精准教与学实验区，将大数据融入德、智、体、美、劳各方面,融入教学、教研全过程,促进学生全面发展。以萧山三中为例,学校推行个性化学习手册,通过有针对性的闭环训练,提升学生对知识点的掌握。科大讯飞智慧教育的典型案例就是萧山智慧教育大数据平台,通过大数据技术对教学过程中的测试、评价进行数据收集,为后期决策和指导提供数据支撑(黄涛 等,2021)。

在智能融媒体时代下,数据驱动的教育创新正在不断涌现,智慧教育已走向新的发展阶段。2023 年 2 月 13 日,在世界数字教育大会上,中国教育科学研究院院长李永智代表中国教科院正式向海内外发布《中国智慧教育蓝皮书(2022)》与《2022 年中国智慧教育发展指数报告》。智慧教育是数字时代的教育新形态,以数据治理为核心、数智技术为驱动,为每个学习者提供适合自己的教育模式。

(二)挑战与解决方案

随着教育教学数据的不断生成和大量收集,如何保障数据安全和隐私成了一个重要的问题。尤其是在一个个人信息不断被侵犯的时代,教育者和机构在利用大数据和人工智能进行教学创新的时候,面临着一系列的挑战。

数据泄露与滥用的风险。教育数据的积累使得学生和教师的个人信息更容易成为黑客和不法分子的目标,存在数据泄露和滥用的风险。强化数据安全措施是解决这一问题的主要任务。采用先进的加密技术、建立安全的数据存储和加密数据传输,以及实施限制的访问控制,都是确保数据不被非法获取的关键步骤。教育机构还可以考虑与专业的网络安全公司合作,进行定期的安全评估和漏洞修复(高洪涛,2023)。

教育者与学生的数据素养。教育者和学生在数据安全方面的素养不足,可能导致不慎泄露敏感信息。在这一问题上,提供专业的数据安全培训,不仅仅是教育者,学生也需要接受有关数据安全的教育,培养他们对个人信息保护的意识和技能。

通过这些解决方案,我们可以更好地面对智能融媒体时代下数据安全和隐私的相关问题,确保教育创新的同时维护教育改革健康、良性地发展。

四、未来展望

(一)数据驱动的发展趋势

数据驱动将成为教育领域发展的引领者,进一步推动智能融媒体和人工智能技术的深度融合。数据驱动将更加侧重于利用先进的机器学习算法和人工智能技术进行学习数据的深度分析。通过对学生行为的更准确预测,教育者能够提前识别学习难点,实现更精准地教学干预,从而优化学习路径。

收集和分析的数据不再仅限于学科内部,未来趋势将是整合来自各个学科和领域的数据,形成更加全面的知识图谱。这样的综合性数据分析将为个性化学习提供更全面的视角,帮助学生在不同领域中实现全面的发展。数据驱动带来的教育创新将更加注重实时性,通过实时数据分析为教学决策提供及时反馈。个性化学习路径将更为细致,基于学生实际表现和需求的动态调整将变得更加智能化(刘邦奇,2022)。

(二)教育创新在未来的潜在影响

随着智能融媒体和数据驱动教育的深入应用,教育创新将在未来产生深远的影响,为学生、教育者和整个社会带来积极的变革。

利用数据驱动技术,未来的教育将更加全球化。教育资源和先进的教育方法将在全球范围内实现更高效的共享,为不同国家和地区的学生提供更丰富多样的学习机会。

未来的教育将建立更开放、灵活的学习环境,通过智能融媒体技术和数据驱动的手段,实现学习的时空无限制。学生可以在不同场景、不同时间进行学习,促进更全面的知识积累和技能培养。

未来的教育创新将以数据驱动为核心,深刻影响教育方式、学习理念和教育体系,为建设更加智慧、灵活、个性化的学习环境奠定基础。

五、结论

在智能融媒体时代和数据驱动带来教育创新的背景下,我们见证了教育模式的深刻变革。大数据、人工智能与现在的教育方式紧密融合,为教学带来了前所未有的机会和挑战(李厚锐,2022)。

本文的讨论中,我们深入探讨了数据驱动教育创新的多个方面,揭示了其在教学模式转变、个性化学习实现以及数据安全与隐私挑战等方面的重要作用。然而,我们也要意识到数据驱动教育仍面临着一些挑战,如数据隐私保护、教师角色的转变和教育资源的平衡等。为了实现数据驱动教育的潜力,我们需要继续研究和探索,制定相应的政策和措施,确保数据的合理使用和保护,培养教师和学生的数据素养,促进教育的公平和可持续发展。未来,数据驱动教育将继续发展,为教育提供更多创新和个性化的可能性,为学生的学习和发展带来更多机会和潜力。

(范洁茹,新疆师范大学计算机科学技术学院)

参考文献

高洪涛,2023. 融媒体时代学术期刊传播路径多元化的探索发展策略[J]. 中国传媒科技(9):55-58.

黄涛,赵媛,耿晶等,2021. 数据驱动的精准化学习评价机制与方法[J]. 现代远程教育研究,33(1):3-12.

李厚锐,2022. 智媒时代思想政治教育话语建设路径创新研究[J]. 中国高等教育(20):33-35.

刘邦奇,2022. 人工智能赋能课堂变革的核心价值:智慧生成与模式创新[J]. 开放教育研究,28(4):42-49.

刘邦奇,2023. 数据驱动教学数字化转型:机理、场域及路径[J]. 现代教育技术,33(9):16-26.

毛政珍,2023. 人工智能与传统职业教育"课程、课堂、评价"的耦合性研究[J]. 黑河学刊(5):74-79.

任航,李丽华,2023. 数据驱动下的高校教育数字化转型:知识传播的模式创新[J]. 情报科学,1-21.

徐延章,2023. 技术赋能:媒体深度融合背景下融媒体智慧服务转向[J]. 中国编辑(Z1):90-94.

薛从豪,2021. 中科闻歌:教育融媒体如何发挥育人功能[J]. 数据(6):28-29.

杨现民,张瑶,2022. 教育规模化与个性化矛盾何以破解?——数据驱动规模化因材施教的逻辑框架与实践路径[J]. 中国远程教育(8):42-52+79.

曾玉竹,2023. 智媒体时代高校网络育人创新路径研究[J]. 新闻研究导刊,14(15):194-196.

张文梅,祁彬斌,范文翔,2021. 数据驱动的教学行为分析:现状、逻辑与发展趋向[J]. 远程教育杂志,39(1):84-93.

新时代高校工会“职工之家”建设的思考

杨 浦

摘要:“职工之家”是工会组织履行基本职能、发挥高校工会作用的重要平台。新时代高校工会“职工之家”建设要加强党对高校工会“职工之家”建设的领导;要围绕党的二十大报告阐释“职工之家”建设新内涵,在实际工作中发挥好维权、学习、民主和健康快乐角色;要积极顺应智慧教育的发展需求,推动高校“智慧职工之家”建设取得新进展。

关键词:新时代高校工会;“职工之家”建设;“智慧职工之家”

工会工作是党的群团工作的重要组成部分,是党联系群众的桥梁和纽带。新时代高校工会工作要按照党的二十大提出的要求,站在党和国家事业发展全局的高度,坚持党的全心全意依靠工人阶级的根本方针,发挥工会联系教职工的桥梁和纽带作用,满足教职工发展需要,发挥教职工主力军作用,引导教职工当好主人翁、建功新时代。

“职工之家”是工会组织履行基本职能、发挥高校工会作用的重要平台。开展“职工之家”建设活动是增强高校工会活力的有效手段,是全面提升工会工作水平的综合性载体。面对新时代、新任务,探讨高校工会如何深入推进“职工之家”建设具有重要的现实意义。

一、加强党对高校工会“职工之家”建设的领导

新时代高校工会“职工之家”建设要坚持马克思主义意识形态的指导地位,将习近平总书记关于工人阶级和工会工作的重要论述落实到“职工之家”建设工作过程中,把坚持党的领导和我国社会主义制度以及党的路线方针政策落实到广大教职工的心坎中。

工会工作的政治性、先进性和群众性要求在工会系统党建工作中全面推进从严治党,全面提升工会系统党员干部的政治素质,引导工会系统党员干部担当政治责任,将广大职工群众紧紧团结凝聚在党的周围,以党的建设引领工会建设,全面提高工会系统党建质量。

“职工之家”是坚持党的领导、职工当家作主、职工依法维权有机统一的重要平台,是巩固党执政的阶级基础和群众基础的有效载体,是团结凝聚广大职工群众听党话、跟党走的重要载体。

二、围绕党的二十大报告阐释“职工之家”建设新内涵

党的二十大报告指出,要“落实立德树人根本任务”,“坚持以人民为中心发展教育,加快建设高质量教育体系”;要“深化工会、共青团、妇联等群团组织改革和建设,有效发挥桥梁纽带作用”;要“全心全意依靠工人阶级”,“维护职工合法权益”。学习与贯彻党的二十大精神成为高校工会工作的航海明灯。

一般来讲,高校工会“职工之家”一方面体现了工会作为职工可依靠、可信赖的温馨港湾,另一方面成为学校党委联系广大职工的有力抓手。而高校教职工主要由知识分子构成,具有文化水平高、民主意识强、思辨能力强等特点。作为承载知识分子的高校职工之家,在实际工作中发挥多种职能。

(一)帮助教职工维权

维护教职工的合法权益既是高校工会的职责所在,也是构建职工之家的重点,是服务教职工的基本职能,“维护职工合法权益”也被写进党的二十大报告中。高校工会应以教职工最关心的现实利益作为切入点,着力解决好职工群众“急难愁盼”问题,健全依法维护职工合法权益的服务机制,不断提升广大教职工的获得感、幸福感、安全感。另外,应该建立健全困难职工帮扶工作机制,把学校党委的关怀及时送到他们心坎上。

(二)履行教育职能

教育职能是工会的四项基本职能之一,工会可以帮助教职工不断提高思想道德和科学文化素质,建设有理想、有道德、有文化、有纪律的职工队伍。高校工会应积极开展诸如青教赛、青管赛等技能竞赛和科学文化知识竞赛活动,大力开展师德师风建设和传帮带活动,帮助青年教师尽快成才,提高教职工的思想道德素质和业务素质,形成

良好的校风学风。此外，以劳模故事的先进事迹和先进思想为基础，发挥社会主义核心价值观的引领作用，将社会主义先进文化、革命文化、中华优秀传统文化融入教职工之家的文化建设中，实现精神生活的共同富裕。

（三）促进民主

党的二十大报告中提到“坚持以人民为中心发展教育”，就是要体现广大教职工的主人翁地位。职工通过学校的教代会和工代会制度，积极参与学校的各项事务管理，在学校管理工作中行使知情权、参与权和监督权。要落实全心全意依靠教职工办学的指导方针，就必须发挥高校工会的桥梁和纽带作用，充分调动广大教职工参与学校改革、建设和发展的积极性和创造性。这既是工会的参与职能所在，也是职工之家建设的应有之义。

（四）帮助教职工保持健康、获得快乐

面临着教学、科研、职称晋升等压力，高校教师或多或少都存在焦虑、失眠等心理问题，影响教职工的身心健康。“职工之家”通过了解教职工思想状况，化解各种矛盾；通过举办心理讲座，增强教职工心理调节能力；通过开展丰富多彩的文艺、体育活动，增进教职工之间的交流，缓解教职工工作压力。应该把“职工之家”建设成为凝聚人心、疏导教师的心理压力、服务职工的坚强阵地，成为提升教职工获得感、幸福感、安全感的健康快乐港湾。

三、数字教育呼唤“职工之家”智慧发展的新需求

党的二十大报告提出，要加快建设网络强国、数字强国。2023 年 2 月 13 日，在世界数字教育大会上，教育部部长怀进鹏在以《数字变革与教育未来》为题的主旨演讲中指出，在突破传统教育方法的局限性，积极创造数字教育新形态进程中，数字教育应是公平包容的教育，应是更有质量的教育。在网络强国和数字教育的新时代背景下，高校工会“职工之家”建设要积极顺应智慧教育的发展需求，通过互联网+工会和以会员实名制为基础的智慧工会建设，创新工会工作管理和服务模式，推动高校“智慧职工之家”建设取得新进展。

“智慧工会”建设平台以职工服务为本，以工会会员实名制及云数据平台为基础，打造综合办公平台和会员服务平台，推行网上办理学校建会、会员入会、组织换届等业务，改变传统的会员服务模式，实现工会组织和会员的紧密联系。高校“智

慧职工之家”建设是一项长期的系统工程，依托“智慧工会”建设平台，推动互联网与“职工之家”建设的深度融合，以校级工会“互联网+”为引领、以院系工会“职工之家”为主导、以基层工会小组和其他组织为支撑，构建面向广大职工、互联互通、线上线下相融合的工会服务体系与平台，打造多维度复合型、智能化和智慧型的“职工之家”。

新时代，新作为。高校工会“职工之家”建设不是一项一蹴而就的工作，而是一项需要长期坚持和不断摸索的民心工程，不仅需要学校党委的重视和支持，更离不开每位工会会员的积极参与。只有不断创新工作方式，坚持深入基层、激发基层工会活力，广泛调动各方面的积极性，才能让“职工之家”建设真正深入人心，才能有效推动高校民主政治建设，助力高校管理工作的科学化、规范化。

（杨浦，中国传媒大学工会职工服务中心）

基于OBE理念的本科生结课论文质量提升策略研究

邵 岩 任泽阳

摘要:本文以本科生结课论文为研究对象,基于OBE理念,从当前本科生结课论文存在的问题出发,研究相应的提升策略。具体策略包括完善管理制度、优化教学内容、开设写作类课程、强化质量监控、构建多元反馈体系、加强学生主动性和积极性,从而保障本科生结课论文质量优良,提高本科生的学术能力和思辨能力。

关键词:OBE理念;本科生;结课论文

一、引言

成果导向教育(Outcome Based Education,简称OBE,亦称能力导向教育、目标导向教育或需求导向教育)作为一种先进的教育理念,于1981年由Spady等人提出后很快得到了人们的重视与认可,并已成为美国、英国、加拿大等国家教育改革的主流理念(李志义,2014)。

根据全国教育大会和教育部新时代全国高等学校本科教育工作会议精神,高等教育把本科教育放在人才培养的核心地位、教育教学的基础地位、新时代教育发展的前沿地位(唐景莉,2018),落实"以本为本",建设高水平的本科教育。高校要坚持德智体美劳全面衡量,以德为先,通过综合评价体系实现全过程考核,将结果性考核和过程性考核有机结合;高等教育发展必须落实学生的主体地位,以教师为主导,充分发挥学生的主动性,促进学生成长成才。发展的根本目的是多出人才、出好人才,多出成果、出好成果(周远清 等,2017)。

加强本科生结课论文质量的管理,有利于培养学生正确的学术道德观,激发学生学习的主动性,提高本科生的学术能力、思辨能力。基于OBE目标导向教育、成果导向教育的理念,本科生论文质量提升策略研究具有现实意义。

二、本科生结课论文存在的问题及原因

（一）存在的问题

笔者通过对本科生结课论文的调查发现，复写率超过 30%的学生仍占一定比例。目前，学生结课论文存在的主要问题为：文献引用不规范、基础理论介绍部分的重复、实验现象分析和结果分析部分的重复、多篇论文的组合粘贴、单篇论文的抄袭、对结课论文重视度低等。

（二）存在问题的原因

1. 制度建设不完善

高校管理制度中涉及本科生课程论文的相关规定不完善，在相关文件中大多只是提出了一些基础原则，对考核和评价缺乏明确要求，规范性较弱。一般来说，采用笔试方式结课的任课教师需要完整命制 AB 不同试卷、试题答案、评分标准，并且 AB 试题重复率也有明确的要求；在笔试评阅过程中，教师要做到计分合理、核分准确。而选择以论文形式结课的教师大多只需要填写结课说明，评分标准不明确，没有评语或评语简单。随着教育理念的革新，过程化考核比重逐步增加，采用论文方式结课的课程数量逐渐增加，对结课论文的质量把控极为必要，也有助于提高学生学习效果。

2. 教师教学安排不合理

教师在布置课程论文时的要求不够规范，在内容和形式上的标准都较为模糊。低年级学生由于缺乏学术论文撰写经验，又得不到明确的指导，对于完成论文的方法和要求理解不清晰，只能自己摸索甚至是上网抄袭。教师多集中在结课前布置课程论文，提交期限基本在考试周或放假之前，而这段时间恰好也是学生复习、准备考试的时间，想要完成一篇或几篇高水平的论文比较困难。

3. 质量监控不严格

结课论文是深化学生对所学知识的理解、培养学生正确的思维方法、检验学生学术研究能力的重要方式，体现了学生课程学习的成果。高校一般侧重于对本科生毕业论文的管理，却忽视对结课论文的质量监控。管理条例中缺乏对结课论文质量监控的明确要求，质量监控环节也相对缺失，在管理体系上无法实现闭环，不利于进一步提升教学水平和教学质量。

4. 学生论文写作意识薄弱

部分学生不重视课程论文的写作,缺乏学术意识,平时上课不够认真,课程知识有遗漏,认为论文就是摘抄拼凑。部分学生把结课考核形式作为评判课程通过难易程度的标准,认为以论文为形式的考核更好通过。部分学生自身知识素养和论文写作基础不够好,想要凭借抄袭的论文就蒙混过关。

三、基于 OBE 理念本科生结课论文质量提升的原则

OBE 是基于学生学习成果为导向的教学理念,用以组织、实施和评价教学过程,结课论文要求与培养目标高度匹配。“以学生为中心、产出为导向、持续改进”是 OBE 的 3 个核心理念(金宝丹 等,2020)。

本科生结课论文不同于学位论文,写作周期相对较短,更集中体现学生对课程教学内容的思考和收获,是学生学习过程的阶段性成果。结课论文的写作训练有利于学生写作能力的提升、学术道德的塑造及学科知识的收获。

基于 OBE 理念,本科生结课论文质量提升原则应以学生收获为教学基础,以学习成果为教学导向,以教学反馈为改进动力。学校管理部门在制定管理办法以及任课教师在设计教学内容考核方式时,都应以此原则作为指导依据。

四、基于 OBE 理念本科生结课论文质量提升的策略

(一)完善管理制度

1. 教师责任制

学校应出台相应的管理文件,明确教师责任制。任课教师需要对所授课程及学生负责,明确写明考试方式、在相关课程说明上详细写明评分标准,对学生论文认真评阅并保留评阅痕迹。

2. 奖惩制度

调动学生和任课教师完成结课论文的积极性需要适当的奖励机制。对于结课论文完成态度认真、内容质量高、有思想深度的学生应给予鼓励和表扬。任课教师可辅导学生将结课论文发表在校内刊物或其他期刊上,在评奖评优上考虑有正式论文发表的学生。教师职称评定时,不仅考量教师作为第一作者发表的论文数量,也可将教师

指导学生发表的文章数量纳入评价范围。

将学生结课论文存在不符合学术规范的行为,如抄袭、篡改、伪造数据等,纳入学生学术违纪处理办法中,核查确认后严肃处理。将教学单位或教师个人在考试组织与管理工作中发生的失职(不当)行为,纳入本科教学事故认定和处理办法、教师师德失范行为处理办法等相关管理制度之中。

(二)优化教学内容

学生学术基础薄弱的问题主要表现为缺乏信息检索能力、数据分析能力,也有部分学生不清楚论文写作的基本范式。任课教师可将此类内容加入专业课程的教学中,在教学过程中拓展一些关于学术研究的基础知识,让学生明白论文写作的格式和要求;教师可鼓励学生对自己感兴趣的问题进行深入研究,根据具体问题给予科研方法上的指导,从而加深学生对本专业理论知识的理解以及提升学生的学术基础水平。

任课教师可以在课程开始后告诉学生需要写作课程论文的题目范围,这样学生就有充足的时间用于构思论文题目,通过搜集资料、问卷调查、统计数据等方式充实论文内容,通过实践、分析等方式进行学术研究,从而完成结课论文的撰写。

此外,网上也有很多关于论文写作训练的优质课程资源。学校、任课教师可利用这些资源,引入相关课程或将其加入教学内容中,以增强学生学习的积极性,从而有效改善学生学术基础薄弱的问题(申文 等,2020)。

除了课堂的教学活动外,还可以让学生加入教师的科研项目中。

(三)开设写作类课程

学校可以开设通识课程或公选课专门讲授写作方法,让学生通过写作相关的指导课程获得专业、系统的写作知识与技能,如“学术论文写作与指导课程”“创意写作工坊”“阅读观摩与观察写作导论”“实用写作”等多元课程。课程内容可以从宏观层面讲授写作能力的培养、写作材料的选择和裁剪,也可以从中观层面讲授不同类型文体的写作,还可以从微观层面讲授学术论文写作问题、文献检索、研究方法、写作技巧等。

(四)强化质量监控

1. 使用查重软件检测结课论文

为强化对结课论文的质量监控,学校需对结课论文进行重复率检查。结课论文检查是提高学生论文写作主动性的主要方法之一,是杜绝论文“抄袭”等不规范行为的重要措施,也是质量监控的一个重要环节。

学校可以将教务管理系统与论文检测系统数据对接,学生需将结课论文上传提交,任课教师通过重复率判断学生是否存在论文抄袭等情况。同时,建立学校专属论文库,有效避免不同年级的同校学生结课论文来回抄袭的情况。学校相关职能部门以及各教学单位主管负责人可随时查看查重结果,并对违反管理规定的任课教师及学生进行处理。

2. 定期组织专项结课论文检查

学校、教学单位应组织专家对采用论文结课课程的相关材料进行定期检查或专项督查。检查重点包括:考查方式是否与课程教学目标相适应,题目是否符合课程教学大纲要求,是否考查了学生掌握基本概念、基础理论的情况以及学生综合分析问题、解决问题的能力和创新能力,成绩评定是否科学合理,是否有批阅痕迹等。

(五)构建多元反馈体系

及时掌握学生的学习动态,构建多元化的课程教学反馈机制,不断促进教学质量的提高。多元化反馈体系以学生反馈为核心,推动教师教学内容、教学方法的改进。学生可以对任课教师的课程教学内容、课堂效果、命题、评阅等方面进行评价。

同时,教师需要对学生学习成果进行反馈,也就是说教师的批阅评语不应是简单的"好""不错"等词语,而是通过评语可以使学生明确知道自己论文存在的问题、需要改进的方向,或是论文新颖的、值得进一步研究和思考的地方。教师的反馈将形成整个教学环节的闭环,学生通过教师反馈更明确学习目标和改进之处。

(六)加强学生论文写作的主动性、积极性

在调研本科生结课论文质量的过程中,笔者发现部分学生写作态度不够端正,缺乏严谨的学术精神。鉴于此,有必要加强其论文写作的主动性与积极性。

一方面,应加强学生对学术论文写作重要性意识的培养,应让学生了解结课论文是课程学习的结晶,是知识学习成果的凝练(杨丹 等,2019)。论文写作的能力是本科阶段必要的要求,也是未来工作必要的技能,攻读硕士学位更需要良好的写作素养。

另一方面,应加强学生的学术规范意识培养,逐步培养学生严谨的学术态度和精神。学生自身应该端正态度,不为交作业而敷衍老师;课程论文要规范,论证严谨,在论文选题的时候可以通过兴趣引入,找一些自己感兴趣的方向确定选题,对应地寻找论文进行学习,激发自己的学习积极性,提高批判性思维和系统性推理能力,加强独立思考、与别人交流沟通的能力。

五、结论

“学生为本、成果导向、持续改进”的 OBE 理念可以成为推动高校专业教育质量提升、完善管理制度、优化教学内容、强化质量监控的力量。通过构建多元的反馈、评价体系,形成结课论文质量的提升动力,最终加强学生的主动写作意识,逐步改变本科生对待结课论文的态度,提升结课论文水平,从而提升本科教学质量。

(邵岩,中国传媒大学教务处;
任泽阳,中国传媒大学教务处)

参考文献

金宝丹,尹志刚,赵建国,等,2020. 新工科背景下基于 OBE 理念的地方本科院校环境工程专业毕业论文(设计)教学改革[J]. 河南化工,37(2):61-63.

李志义,2014. 解析工程教育专业认证的成果导向理念[J]. 中国高等教育(17):7-10.

申文,李军艳,2020. 本科生学术水平提升策略研究[J]. 中国多媒体与网络教学学报(5):43-44+107.

唐景莉,2018. 坚持“以本为本”推进“四个回归”——新时代全国高等学校本科教育工作会议述评[J]. 中国高等教育(Z2):11-12.

杨丹,侯羽,郑占国,2019. “学术论文写作课”教学反思——基于英语专业本科生结课论文标题的分析[J]. 海外英语(4):146-147.

周远清,瞿振元,陈浩,等,2017. 中国特色高等教育思想体系举要[J]. 中国高教研究(4):1-25.

中小学课文广播剧进校园：融合、拓展与建议

陈莹峰　王忆希

摘要：课文广播剧对中小学语文教学中“听”与“说”的缺位状态起到了弥补作用，展现出巨大的教育创新潜力。教学决策者如何对课文广播剧进行感知，其采纳意愿又受到哪些因素的影响，成为本文关注的核心命题。笔者在既有实践教学的基础上，以创新扩散理论为视角，通过深度访谈（N=15）和问卷调查（N=550）的方法对以上问题进行了探究。结果表明，中小学语文老师对于课文广播剧的感知兼容性、感知示能性以及感知可获得性正向预测了其对于课文广播剧的采纳意愿。主观规范在主效应上并无显著影响，却负向调节了感知兼容性与感知示能性对采纳意愿的影响。基于上述发现，本文提出了对推行课文广播剧的建设性意见，并在语文教育语境中对创新扩散理论进行了检视与补充。

关键词：课文广播剧；语文教育；采纳意愿；创新扩散

一、绪论：课文广播剧进校园

（一）如何让“说”与“读”走进中小学语文课堂？

在文化创新的背景下，以“大语文”为代表的素质教育推行成为践行教育强国的重要路径。历年来，将优美、生动的语文学科传授变成冰冷的逻辑分析教学与考试技术应对一直是语文应试教育的遗憾。因此，如何发展语文素质教育成为诸多教育学者积极探寻的问题。2017 年 2 月发布的《教育部、国家语委关于进一步加强学校语言文字工作的意见》中规定：要提高学生语言文字应用能力，要学生具有与学段相适应的书面写作能力、朗读水平和书写能力；“读写能力”已经成为用人单位最为看重的素质

型技能之一,正在深刻影响着人们的职场发展。在此背景下,中小学语文教育逐渐由以“听”“写”为主的应试教育模式转向“说”“读”平衡的“浸润式”语文学习。

在提升学生的语言表达能力上,各中小学纷纷增设与中国优秀传统文化、爱国主义、法制教育相关的演讲比赛、朗诵比赛,同时,在校内开设辩论营、话剧社、广播台,培养学生的语言反应能力。然而笔者发现,相较于百花齐放、异彩纷呈的语文课外活动,语文课堂教学的“软文化”创新相较于硬件设施的更新依旧较为欠缺。若要解决在不影响正常教学进度的情况下最大程度地平衡学生听、说、读、写能力的培养问题,就需要将语文课文的听、写与说、读进一步融合。

广播剧是以人物对话和解说为基础,并充分运用音乐伴奏、音响效果来加强气氛的有声语言艺术形式。其声音效果的呈现和剧情的跌宕起伏带给听众丰富的想象空间和愉悦的审美感受(张建慧,2021)。在互联网时代,广播剧从固有题材中跳出,赋能“文学+广播剧”“影视+广播剧”“军旅、历史+广播剧”等诸多IP(蓝盛敏,2021;赵卓,2021)。广播剧也因其能够很好地锻炼学生的“说”“读”能力而成为众多中小学兴趣课程、文艺会演与社团活动的首要选择,但是由于其题材与教学内容具有差别,因此多作为课外活动呈现。那么,是否能够在参考“广播剧+”模式的基础上,将广播剧与语文课文相结合?本研究对此展开了思考与实践。

(二)课文广播剧的策划、实践与问题的提出

课文广播剧是指由语文教材改编的广播剧,通过声音形式对课文进行再现,包含对白、解说、音乐、音响效果等。其特征是运用声音手段塑造人物、烘托环境、展现剧情,学生通过听觉对课文内容进行接收和理解。

首先,本研究依托高校广播台,对中小学课文进行广播再创作,制作出12部由人教版中小学生语文教材改编的系列广播剧样本,旨在将广播剧带入课堂的同时,促进学生对经典文学作品的理解和学习,并对广播剧进行普及和宣传(表1)。

表1 课文广播剧选题示例

题项	来源
《巨人的花园》	人教版四年级语文教材
《最后一课》	人教版七年级语文教材
《金色的鱼钩》	人教版五年级语文教材
《大禹治水》	人教版二年级语文教材
《社戏》	人教版八年级语文教材

随后,本研究开展了有关“课文广播剧进校园”的实践与调查。从2019年3月

起,课题组对课文广播剧产品进行中小学试点投放,由广播剧改编者、配音者与后期制作者共同授课的形式进行课堂的广播剧教学。授课至今,学生纷纷表示出对该课程不同程度的热情与喜爱,并且主动要求加长学习时长,授课效果显著。

在初步的教学探索和教师反馈中,笔者发现,课文广播剧具有如下显著优势:(1)生动性。课文广播剧具有较强的代入感,有力弥补了教材中文字枯燥、学生阅读时无法真实还原课文的问题。(2)互动性。课文广播剧对话多、角色多的特点,一定程度上增加了学生与老师、学生与学生之间的互动性,为语文课堂带来丰富的教学素材。(3)扩展性。课文广播剧能有效弥补多数学生表达能力欠缺的问题,同时,能够解决知识获取渠道单一的问题,拓展学生的知识获取途径。

然而,在进行为期两个多月的试点后,笔者发现,虽然课文广播剧广受学生的欢迎,但是作为一项创新的语文教学技术,课文广播剧在其他中小学校园中的普及与扩散却受到了一定的阻滞。从教学实践来看,语文教师对于"课文广播剧"的了解、熟悉程度不深;从推行现状来看,大部分学校未出现"课文广播剧"的形式;从采纳意向来看,不少教学决策者依然表现出迟疑和观望的态度。

为何课文广播剧题材独特、优势鲜明,却未能成为被教学决策者采纳的语文教学形式?其采纳意愿又受到哪些因素的影响?这成为本研究的重要关切。本研究对如上问题的探究与回答将有助于呈现课文广播剧推行的现状,厘清其在推行过程中面临的动力与阻力,并进一步为课文广播剧的创新扩散与语文教学的转型和变革提供建设性建议。

二、文献综述与研究假设

美国传播学者罗杰斯(Rogers)系统地提出创新扩散理论(Innovation Diffusion Theory,IDT)。罗杰斯认为,创新扩散实际上是新观念在一定时间内,经由特定的传播途径,在社会系统成员之间传播的过程(Rogers,1983)。课文广播剧作为一种新型广播剧产品,从生产到投入使用也会经过一个"获知—说服—决定—实施—确认"的扩散过程,符合创新扩散的模式与特征。因此,结合学者们对创新扩散概念的界定,本文认为:课文广播剧的创新扩散是指在一定时间内,在一定的扩散环境(如语文课堂、网络APP)中,新的广播剧产品经由特定的扩散途径(如指定课堂、大众传播媒介、人际交流网络等),在潜在的受众中随着时间变化被逐渐采纳的过程。

根据创新扩散理论,用户在决定是否采纳某项特定新技术时,往往会考虑五项主要特征:相对优势性、复杂性、相容性、可展示性和可试验性。由此出发,在探讨课文广播剧的创新扩散及采纳意愿的影响因素时,可以从如下几点考虑。

(一)感知兼容性(Compatibility)

作为创新扩散的五个特点之一,兼容是指某项创新与现有价值观、以往经验、预期采用者需求的共存程度。比起与一个社会系统的价值观和标准相容的创新,不相容的创新被采用的速度会慢得多,因此,一个新的媒介或媒介产品投入使用时,兼容性往往是一个非常重要的考虑因素。

对于媒介产品而言,已有研究证明一个地区对电视的采纳意愿与其文化兼容性的正向关联(Graham,1954)以及兼容性对手机娱乐软件的使用意愿的正向影响(Kim et al.,2009)。具体到教育领域,兼容性在一些国家成为重新审视高等教育的重要条件之一(Khatun et al.,2012)。对于中国—东盟高等教育合作政策的研究表示,学历学位兼容互认是重要环节之一(季飞 等,2020);在对于中小学开展人工智能教育的研究中,人工智能与传统课堂的兼容性是在设计人工智能课堂时的重点关切(张珊珊 等,2020)。对于课文广播剧这个媒介产品进入语文课堂来说,能否与现有的教学内容相联、能否与目前的教学模式相匹配、能否与教师本人的授课方法与行为进行有机结合,需要得到进一步的检验。由此笔者假设:

H1:中小学语文老师对于课文广播剧的兼容性认知正向影响其采纳意愿。

(二)感知示能性(Affordance)

技术的示能性又称符担性,这一术语来源于生态心理学领域的格式塔理论,由知觉心理学家吉布生(Gibson)提出。在他看来,示能性就是一种关系,是宏观秩序为我们提供的"价值意义";行为体在环境中感知和行动,行为体和环境二者的属性构成了交互的条件(Gibson,1950)。

在媒介技术采纳意向的研究中,示能性与采纳意向之间的关联已被广泛检验并得到证实(Sundar,2008;Stavrositu,2009)。具体到教育技术的创新扩散中,Tierney 和 Moisey(2014)针对远程教育技术的探索性研究指出,个体感知到的技术示能性越强,就越能意识到技术物的"价值",由此对其采纳意向产生正向影响。Wood(2011)的研究发现,教职工感知到的"拟真技术"示能性越强,就越愿意将其作为一种教学工具在课堂上进行使用。值得注意的是,不同的使用环境与个体感知要素均会导致媒介技术呈现出不同类型的示能性。对于语文教师而言,课堂中的课文广播剧呈现出怎样的示能性,又对其采纳意向产生怎样的影响,仍有待语境化的检验。由此笔者提出假设:

H2:中小学语文老师对于课文广播剧的示能性认知正向影响其采纳意愿。

(三)可获得性(Access)

“获知”是创新扩散的首要过程。在各项活动中,信息获取是很重要的一部分。信息获取主要指人们获得信息的基本途径与方式(王丹,2018)。于信息获取渠道而言,Ratchford 等(2001)指出消费者选择何种信息渠道取决于信息获取的价值与成本。Bucy 和 Newhagen 进一步发展了可获得性的定义和概念理解。基于课文广播剧目前相关内容公布量少、质量良莠不齐、难以有准确的搜索渠道的现状,开拓获取渠道、规范获取内容、提升其可获得性与规范性是否有利于提升中小学语文老师对课文广播剧的采纳意向,需要进一步探究。由此笔者假设:

H3:中小学语文老师对于课文广播剧的可获得性正向影响其采纳意愿。

对于一项创新技术而言,不仅要从内部特征对其创新扩散模式进行探索,同时需要从外部视角切入,考量外部因素是否会对创新技术的接受产生影响。对于课文广播剧而言,除了其本身的优势与特长可以对其接受产生影响外,外部因素如何作用其中,也同样值得考量。

(四)主观规范(Subjective Norms)

计划行为理论是由 Icek Ajzen(1988,1991)提出的。Ajzen 研究发现,人的行为并不是百分百地出于自愿,而是处在控制之下。其中,主观规范是指个人对于是否采取某项特定行为所感受到的社会压力。Ajzen 认为,对于某项行为的主观规范越正向,同样个人的行为意向也会越强。也就是说,在决定行为意向的变量中,“重要他人”支持越大,行为意向就越大(Fishbein et al. ,1975)。

媒介使用的主观规范与个体采纳意向之间的关联成为众多学者关注的焦点,在众多的新兴技术形态的创新扩散中,如云存储技术、电子银行、社交运动媒介等方面,主观规范与个体采纳意向之间的正向关联已被广泛证实(Ho et al. ,2017;Teo,2012;Miao,2017)。尽管在教育技术,尤其是课文广播剧的语境下,这一关联未被直接验证,但作为行为决策者的语文老师实则置身于学校领导与家长的双重牵制中,两者的态度和意见将对其决策和行为意愿产生不同程度的压力。由此笔者假设:

H3:中小学语文老师对于课文广播剧的主观规范认知正向影响其采纳意愿。

(五)主观规范(Subjective Norms)的调节作用

主观规范的调节作用在众多研究中被证明。Dohnke 等(2011)研究了主观规范对戒烟行为产生社会影响中的调节作用;Scribner 等(2011)则研究了主观规范通过酒精环境对校园酒精预防产生的调节作用。胡兵等(2014)通过研究证明,主观规范对行为态度和自我效能感与低碳旅游意愿的关系存在负向调节效应。

对于课文广播剧而言,主观规范反映出接受主体所感知到的"重要他人"支持程度从而带来的外在压力与动机,而感知兼容性、感知示能性与感知可获得性则是从课文广播剧本身出发的内在动因。有研究证明,内外动机都会对采纳意愿形成影响,而内在动机对行为意向的影响效应会由于外部动机的干扰而受到削减(Deci et al.,1999)。基于以上论述,本文提出以下假设(图1):

H4a:主观规范对感知兼容性与采纳意愿的关系存在负向调节效应。

H4b:主观规范对感知示能性与采纳意愿的关系存在负向调节效应。

H4c:主观规范对感知可获得性与采纳意愿的关系存在负向调节效应。

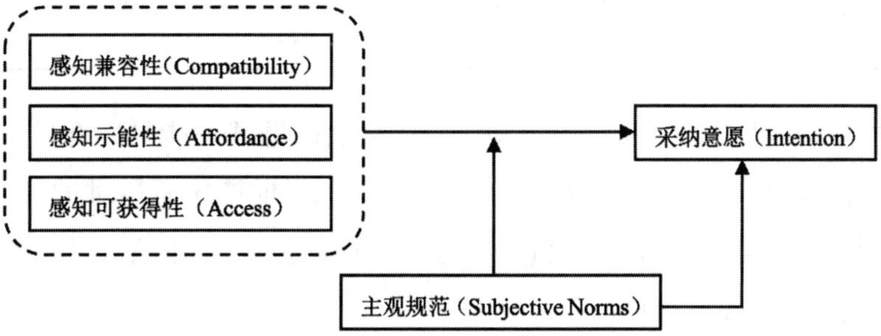

图1 假设模型

三、研究方法

(一)研究对象

本次调研确定全国范围内的中小学语文教师为研究对象。对于课文广播剧的采纳意愿来说,其直接作用对象为中小学学生,其采纳意见决策者为学校领导,这两者在进行态度统一时不易于操作实现,而语文老师则成为既能直接感受学生态度,又能反映领导决策意图的"中介者"。

(二)研究方法

1. *深度访谈法*(In-depth Interview)

深度访谈法又称"深层访谈法"。该访问无结构且是直接、个人的,通过调查员在访问中对于被访人员的深度沟通,得出被访者对问题的潜在动机、想法、态度及感情(表2)。

表 2 访谈对象观点示例

概括	来源
示能性	我认为课文广播剧能够丰富课堂的表现形式,比 PPT 的效果更好。 课文广播剧可能会让孩子更好地进入内容的情境中去。
相对劣势	广播剧学习中不太需要学生思考,对课文的理解还是属于最肤浅的层次,是初读的范畴。 需要老师们去规范课堂,合理加入广播剧,不是每节课都需要广播剧。
主观规范	我所在的学校学生家长不能接受课文广播剧的教学形式。 我所在学校的领导不能接受课文广播剧的教学形式。
兼容性	我担心课文广播剧与教材内容不符(和新教材会脱节)、表达不到位。 我认为广播剧做到后期容易形式花哨,会形式大于内容。
可获得性	我觉得现在市面上不易找到好的广播剧,即使有,可能价格不会低。 我觉得目前没有我可以信赖的课文广播剧获取渠道。

由于“课文广播剧”是一项创新技术,因此量表的题项不能与原有量表的概念完全一一对应。因此,本研究在参考成熟量表的基础上,前期还通过对 11 个地区的 15 位中小学语文老师进行走访与深度访谈,将老师们对于课文广播剧的态度与认知进行记录与梳理,为量表提供设计依据。

2. 问卷调查法(Questionnaire)

(1)问卷设计与前测

通过前期访谈结果,笔者根据假设,将所有语句根据表述态度划分类别,提取语句,初步编写成李克特五级量表进行测量。在进行问卷结构调整的过程中,本研究首先对自编量表进行分辨力系数计算。根据分辨力系数计算结果,由于每道题的分辨力系数都大于 1.00,因此本研究接受所有的题项,不做删减。

其次,笔者对自变量表进行探索性因子分析。结果显示,样本数据的 KMO 系数为 0.900,显著性小于 0.001,表明问卷的自变量之间存在一定的联系,并且适合做因子分析。

对于调查数据信度检验,本研究主要采用克隆巴赫系数法(Cronbach's Alpha),所有变量的 α 系数均大于 0.7,因此可以认为本研究所使用的变量具备良好的信度。

对于调查数据的效度检验,本研究分别从结构效度与内容效度两方面进行检验。在结构效度方面,同时分析了量表的聚合效度以及区分效度。探索性因子分析结果显示,所有的路径系数都大于 0.4,累积方差解释率为 71.80%,高于 50%的标准,表明题项的聚合效度符合研究要求。在区分效度方面,变量与变量之间的相关系数均小于

0.7,表明区分效度达到要求。

本研究的因变量为语文老师对课文广播剧的采纳意愿(Intention),在调查中被操作化为具体题项,即"我打算在我的课堂上给学生播放课文广播剧""我打算在课间或课外活动中给学生播放课文广播剧""我打算向我的领导建议引入课文广播剧的教学方式""我打算向我的同事推荐课文广播剧的教学方式"(表3)。

表3 自变量的最终呈现

自变量	具体题项
感知兼容性	我认为课文广播剧不足以支撑教学内容的要求
	我认为课文广播剧无法和我的课堂有机结合
	我认为课文广播剧不利于维持课堂秩序
感知示能性	我认为课文广播剧能够弥补教学资源的不足
	我认为课文广播剧能够让学生认真听讲
	我认为课文广播剧能够让学生积极发言
	我认为课文广播剧能够提升学生的表达能力
	我认为课文广播剧能够提升学生的想象能力
	我认为课文广播剧能够提升学生的学习能力
	我认为课文广播剧能够提升学生的普通话水平
	我认为课文广播剧相比于传统教学形式有明显优势
感知可获得性	我知道如何搜索并获取合适的课文广播剧
	我认为没有可信赖的课文广播剧获取渠道
主观规范	我的学生家长不能接受课文广播剧的教学形式
	我的学校领导不能接受课文广播剧的教学形式

(2)问卷发放与测量

①描述统计分析

本次问卷通过"滚雪球"的抽样方式进行样本的获取。为了控制样本的异质性,在首轮滚雪球中,笔者分别向东部、中部、西部的不同层级的学校进行样本的分发。调查共回收问卷712份,有效样本550份,有效率为77.2%。从回收情况来看,本次调查问卷回收有效率较高、样本数量大,为调查结果的准确性提供了保障。在用于本文数据分析的550份样本中,女性教师的比例远高于男性。在年龄层面,以31—50岁的教师居多。

表 4 样本人口统计信息(N=550)

基本资料	项目	人数	所占比例(%)
性别	男	108	19.6
	女	442	80.4
学历	高中及以下	10	1.8
	大学专科	59	10.7
	大学本科	393	71.5
	硕士研究生及以上	88	16.0
授课年级	1—3 年级	149	27.1
	4—6 年级	207	37.6
	7—8 年级	126	22.9
	9 年级	68	12.4
授课地区	东部地区	277	50.4
	中部地区	147	26.7
	西部地区	126	22.9

②多元线性回归

本文以采纳意愿为因变量,以感知兼容性、感知示能性、主观规范与感知可获得性为自变量,使用 SPSS 22.0 进行了多元线性回归的分析。

模型 B1 为控制变量,纳入了研究对象的性别、年龄、学历、授课年级、学校等级、学校区域、是否听过课文广播剧。回归分析表明,在控制了其他变量的情况下,感知示能性对采纳意愿有显著影响($t=19.472, p<0.001$),感知可获得性其次($t=2.094, p=0.037$),感知兼容性再次($t=2.063, p=0.040$),主观规范对采纳意愿并无显著影响($t=-0.707, p=0.480$)。同时在控制变量中,是否听过课文广播剧反向预测采纳意愿($t=-2.251, p=0.025$)。

为了对研究假设中的调节效应进行检验,笔者在模型 B2 中纳入了主观规范对于感知示能性、感知兼容性与感知可获得性的调节变量。结果表明,在控制了其他相关变量之后,主观规范与感知示能性、感知兼容性的调节效应显著,这意味着两者通过交互作用对语文老师的采纳意向产生显著影响。为了进一步呈现主观规范的调节效应,笔者进行了简单效应分析。结果表明,在主观规范对感知兼容性的调节上有如下表现:在低主观规范作用下,语文老师的采纳意愿依旧是伴随感知兼容性的增强而增强(simple slope $=0.0618, p<0.01$);而在高主观规范的影响下,语文老师的采纳意愿随着感知兼容性的增强而降低(simple slope $=-0.0794, t=p<0.01$)。在主观规范对感知示能性的调节上有如下表现:在低主观规范作用下,语文老师的采纳意愿同样是伴随感

知示能性的增强而显著增强(simple slope = 1.895, $p<0.01$);而在高主观规范的影响下,语文老师的采纳意愿随着感知示能性的增强而降低(simple slope = -0.11, t = $p<0.01$)。具体而言,感知兼容性与感知示能性对中小学语文老师采纳意愿的正向促进作用,会伴随外界的压力增强而减弱。

表 5 课文广播剧采纳意愿的回归分析

变数/常数项	采纳意愿			
	模型 B1		模型 B2	
	b	s. e	b	s. e
性别	-0.035	0.055	-0.038	0.054
年龄	-0.015	0.019	-0.015	0.019
学历	0.032	0.040	0.022	0.040
授课年级	0.003	0.023	0.007	0.023
学校等级	0.017	0.026	0.015	0.026
学校区域	-0.003	0.022	0.001	0.022
是否听过课文广播剧	-0.074*	0.043	-0.082*	0.043
感知兼容性	0.078*	0.033	0.378***	0.090
感知示能性	0.648***	0.034	0.881***	0.086
感知可获得性	0.068*	0.063	0.155	0.205
主观规范	0.027	0.031	0.174	0.125
主观规范×感知兼容性			-0.536**	0.027
主观规范×感知示能性			-0.537**	0.030
主观规范×感知可获得性			-0.097	0.070
常数项	1.398***	0.254	1.251**	0.399
R^2	0.434	0.449		
Adjusted R^2	0.422	0.435		
$\triangle R''$	-	0.013		

注:*** $p<0.001$, ** $p<0.01$, * $p<0.05$。

四、研究结论及建议

(一)研究结论

通过深度访谈和问卷调查,本研究发现,中小学语文老师对于课文广播剧的感知兼容性、感知示能性以及感知可获得性正向预测了其对于课文广播剧的采纳意愿。此外，主观规范在主效应上并无显著影响，但调节了感知兼容性与感知示能性对采纳意愿的影响。具体而言，感知兼容性与感知示能性对中小学语文老师采纳意愿的正向促进作用，会伴随外界的压力增强而减弱。

1. 感知兼容性与采纳意愿

在深度访谈中，语文教师表现出对于课文广播剧兼容性的担忧，通过进一步的问卷调查，笔者发现，感知兼容性正向预测了语文教师的采纳意向。这一研究发现与“创新扩散”的理论预设一致，并为我们提供了进一步的启示：在推行课文广播剧的进程中，要充分考虑其与既有教学形式的适配程度，从而最大程度地增强教学决策者的采纳意向。

2. 感知示能性与采纳意愿

研究发现，相较于传统的语文教学形式，中小学语文教师认为课文广播剧能够激发学生对于课堂的参与。由此可见，在语文课堂的教学语境中，课文广播剧作为一种创新的媒介技术展现出充分的示能性。这一研究发现契合了“使用与满足”的理论预设。因此，通过提高课文广播剧的“示能性”来增进其创新扩散的进程是一条可循的路径。

3. 可获得性与采纳意愿

调查结果显示，在控制其他变量的前提下，教学资源的获取渠道以及信息搜索能力一定程度上影响了教师对课文广播剧的采纳意愿。这意味着，当课文广播剧的获取渠道越开放、获取过程越便捷、获取能力越强，语文教师就越愿意采纳这项新技术。由此可见，丰富和完善课文广播剧的获取方式、提升其可获得性，是推进其创新扩散的重要因素。

4. 主观规范与采纳意愿

通过数据检验，笔者发现，主观规范虽然能够正向影响采纳意愿，但两者之间的关联在主效应上并不具备统计学意义。笔者认为，其中一个可能的原因在于，主观规范作为外部因素，并不像内部因素一样能够直接影响语文老师的主观决策。在外部环境尚未完全接纳这项新的教育技术时，语文教师作为创新扩散中的“早期采用者”，具备充分的一线教学经验和敏锐感知，因而展现出较高的创新突破意识和决策自主权。

5. 主观规范的调节效应

通过数据结果可以看出，主观规范对于感知兼容性与感知示能性的负向调节效应显著。这意味着感知兼容性与感知示能性对中小学语文老师采纳意愿的正向促进作用会伴随外界的压力增强而减弱。由此可见,虽然在主效应上并不显著,但如何让课文广播剧这项创新技术获得“重要他人”的支持,从而推动其内在机制更好地发挥,同样值得思考。

(二)研究讨论

根据研究发现,我们可以对接下来的课文广播剧制作与推广进行相应的调整。

1. 基于课堂,形成专业的课文广播剧授课体系

对于如何提升课文广播剧与课程的兼容性,笔者认为,课文广播剧的生产者可从以下几个方面进行改进:

(1)控制课文广播剧的时长。为了进行更丰富、更多层次的语文教学,在平均授课时长约为40分钟的语文课堂中,课文广播剧的建议时长控制在5—8分钟内。

(2)同步配套PPT等相关教辅。在生产课文广播剧之外,还可以同时推出教学规划、教学课件等配套辅助工具,方便语文老师更加便捷、更加直观地进行课文广播剧教学。

(3)进行不同版本教材的对接与内容切换。目前,不同地区使用的语文教材不同,为了确保更精准、更有效的课文广播剧投放,需要内容生产者针对不同的教材版本推出相应的课文广播剧内容。同时,要及时与相关学校密切对接,跟上教材进度、满足教学诉求。

2. 明确篇目,选择方向,有目标、有选择地进行课文广播剧改编

课文广播剧具有提升课堂趣味性、互动性和增强学生表达欲望的独特优势,因此,如何进一步让课文广播剧更好地服务于课堂,需要从课文广播剧本身的内容入手。

一方面,应明确课文广播剧的选题范围。通过前期的访谈与后期的数据分析,笔者了解到以下两个选题方向为受访者青睐。

(1)趣味性选题。如童话题材、魔幻题材等。此类作品通过广播化创作后,由于角色夸张、个性鲜明,不仅能充分调动学生的想象能力、表达欲望,同时对于学生声音弹性的塑造亦有很大的帮助。

(2)历史性选题。如文言文题材、抗战题材等。此类课文内容本身难度系数较大,同时与学生所处的时代相隔较远,难以引发学生的共情。因此经过广播化改编,将具体的人物与情节融入语言表达中,在琢磨人物形象的同时对课文进行一个兴趣式的消化,有助于学生加深印象、促进理解。

另一方面，在改编课文的选择上，课文本身是否具备“故事性”是选择对其进行广播化改编的重要考虑因素。

3. 明确课文广播剧的内容生产主体，建立课文广播剧的有效获取渠道

在本次调研中，笔者发现，课文广播剧的“可获得性”，即如何获取合适的广播剧，是影响中小学教师采纳意愿的重要因素。因此，笔者提出以下建议：

(1)依托专业广播平台进行内容生产。如省市级电台、电视台，高校广播台等广播媒体。凭借本身的优质资源与丰富经验进行课文广播剧的改编，不仅能够减轻教师的教学压力，更能确保产品质量，起到正确的引导作用。

(2)建立课文广播剧的权威平台。如设立课文广播剧的专属 APP、官方网站、微信公众号等，使质量上乘、内容精良的课文广播剧被更集中、更轻松地获取到。

(3)结合学校社团，实现产品 OTO 化。当然，在课文广播剧的传播渠道方面，如果仅仅依靠互联网传播，很难做到精确投放。在信息浩如繁星的互联网中，课文广播剧无法做到从众多商业产品中脱颖而出。所以除了在渠道推广中使用便捷的互联网外，还要进行线下的产品推广，实现产品的 OTO 化。

相对于线上渠道，在线下，课文广播剧产品更具有冲击力，通过人际传播的口碑效应来形成自身的品牌效应。在具体操作过程中，课文广播剧的生产者要打破自产自销的传播壁垒，通过学校或者志愿者协会等团体进行对外的精准推广，不断形成自身影响力。

4. 试点推广、循序渐进、积极宣传，获取各方意见支持

从主观规范对于感知兼容性、感知示能性的调节作用可以发现，获取“重要他人”的意见支持非常重要。结合访谈，笔者发现，作为一项创新事物，与课文广播剧相关的主体，如教师、学生、校领导、家长等，他们对于课文广播剧的感知与接受都需要经历一个从陌生至熟悉的过程。由此，笔者提出以下建议：

(1)试点推广、循序渐进。对于课文广播剧采取试点投放原则，首先进入部分中小学进行推广尝试，依据学校政策进行积极调整，针对不同的学校与年级提供不同的课文广播剧内容教学，同时学校领导、参与课文广播剧的学生及学生家长进行意见沟通，学校取得反馈后不断调整修改。

(2)进入特殊学校，辅助盲人教育。“课文有声化”作为课文广播剧的最大优势之一，在投放初期应考虑更加精准化的受众群体，从而更有利于取得相关支持。相较于普通中小学而言，课文广播剧对于阅读不便的盲人学生更具帮助意义，以盲人教育为切入点，能够更大程度地发挥课文广播剧的优势，同时取得相关政策支持。

5. 结合精准扶贫,丰富边远地区、贫困地区的教学活动与课程形式

最后,虽然"学校区域"对教师采纳意愿的影响在数据部分并无显著体现,但通过前期访谈,本研究发现,由于数字鸿沟、知识鸿沟的存在,课文广播剧产品的投放目标属于失效状态。因此,在初期,笔者建议先从中东部地区的中小学入手,打开课文广播剧的试点,进一步开拓课文广播剧的市场,再进行由非西部地区向西部地区的递进与输送。而如何缩短东、中、西部的知识差距,课文广播剧可以进行一次尝试与探索。

(1)对西部方言区的学生进行有针对性的课文广播剧录制。在西部,依旧存在一些普通话不普及或听不懂普通话的地区(如西藏、新疆等具有自身民族语言的地区),而在我们的课文广播剧中加入一些当地方言,一方面可以拉近彼此的距离,同时也对他们学习普通话有较大帮助。

(2)通过支教、志愿者服务等形式进行课文广播剧的教学。与公益组织进行合作,搭建全国中小学教育帮扶平台,让公益组织作为课文广播剧推广平台的同时,还可以为边远地区、贫困地区的中小学生提供教学帮扶。此外,应该推出线上广播剧课堂、组织学生支教团到当地进行"广播剧进课堂"支教活动、开展"寻找广播剧"假期夏令营等,为推进边远地区中小学教育体制改革,丰富边远地区中小学生学习模式贡献力量。

(陈莹峰,中国传媒大学继续教育学院;
王忆希,中国传媒大学播音主持艺术学院)

参考文献

傅家骥,1998. 技术创新学[M]. 北京:清华大学出版社.

胡兵,傅云新,熊元斌,2014. 旅游者参与低碳旅游意愿的驱动因素与形成机制:基于计划行为理论的解释[J]. 商业经济与管理(8):64-72.

季飞,雷幸娟,吴舢好,2020. 中国—东盟高等教育合作政策的创新扩散——基于45份政策文本的量化分析[J]. 教育文化论坛,12(6):56-69.

蓝盛敏,2021. 浅谈新时代广播剧的创新表达——以军旅题材广播剧《维和西非》为例[J]. 视听(1):25-27.

王丹,2018. 信息获取背景下的旅游资源整合策略分析[J]. 旅游纵览(下半月)(10):44-45.

张建慧,2021. 广播剧发展的新路径——有声读物异军突起背景下[J]. 新闻传播(7):36-37.

张珊珊,杜晓敏,张安然,2020. 中小学开展人工智能教育的挑战、重点和策略[J]. 中国电化教育(11):67-72+96.

赵卓. 影视IP转战广播剧 "耳朵经济"未来可期[N]. 中国新闻出版广电报,2021-03-10(007).

BAKI R, BIRGOREN B, AKTEPE A, 2018. A meta analysis of factors affecting perceived usefulness and perceived ease of use in the adoption of e-learning systems[J]. Turkish online journal of distance Education, 19(4), 4-42.

BUCY E P, NEWHAGEN J E, 2004. Media access: social and psychological dimensions of new technology use[M]. Psychology Press.

CHIN W W, 2009. How to write up and report PLS analyses. In Handbook of partial least squares: Concepts, methods and applications (pp. 655-690)[M]. Berlin, Heidelberg: Springer Berlin Heidelberg.

DECI E L, RICHARD K, RYAN R M, 1999. A meta-analytic review of experiments examining the effects of extrinsic rewards on intrinsic motivation[J]. Psychological bulletin, 125(6): 627.

DOHNKE B, WEISS-GERLACH E, SPIES C D, 2011. Social influences on the motivation to quit smoking: Main and moderating effects of social norms[J]. Addictive behaviors, 36(4): 286-293.

FISHBEIN M, AJZEN I, 1975. Belief, attitude, intention, and behavior: An introduction to theory and research[M]. Reading, MA: Addison-Wesley.

FORNELL C, LARCKER D F, 1981. Evaluating structural equation models with unobservable variables and measurement error[J]. Journal of marketing research, 18(1): 39-50.

GIBSON J J, 1950. The perception of the visual world[M]. Boston: Riverside Press.

GRAHAM S, 1954. Cultural compatibility in the adoption of television[J]. Social forces, 166-170.

KHATUN M, 2012. Higher education and civil society: compatibility re-examined[J]. Educational research and reviews, 7(5): 121-126.

KIM K, KIM G M, KIL E S, 2009. Measuring the compatibility factors in mobile entertainment service adoption[J]. Journal of computer information system, 50(1): 141-148.

NUNNALLY J C, BERNSTEIN I H, 1994. Psychometric theory[M]. NY: McGraw-Hill.

PRIYANKA S, 2016. Role of perceived ease of use and perceived usefulness in influencing the adoption of e-recruitment among university students[J]. International journal of computer science & management studies, 26(1).

RATCHFORD B T, TALUKDAR D, LEE M S, 2001. A model of consumer choice of the internet as an information source[J]. International journal of electronic commerce, 5(3): 7-21.

ROGERS E M, 1983, Diffusion of innovations[M]. New York: The Free Press.

SCRIBNER R A, THEALL K P, MASON K, et al., 2011. Alcohol prevention on college campuses: The moderating effect of the alcohol environment on the effectiveness of social norms marketing campaigns[J]. Journal of studies on alcohol and drugs, 72(2): 232-239.

STONEMAN P, IRELAND N J, 1983. The role of supply factors in the diffusion of new process technology [J]. The economic journal, 93(Supplement): 66-78.

WOOD L W, 2011. Faculty perceptions about virtual world technology: Affordances and barriers to adoption [M]. Georgia State University.

社会主义核心价值观融入大学生就业观的实践探索

王 娟 王雨晨

摘要:社会主义核心价值观是国家价值目标、社会价值取向、个人价值准则的和谐统一,培育和践行社会主义核心价值观,要把社会主义核心价值观融入高校思想政治教育的全过程中。大学生就业观教育作为高校大学生思想政治教育的重要组成部分,有必要将社会主义核心价值观融入其中。本文通过大学生就业观现状分析、社会主义核心价值观融入大学生就业观的意义、实践探索路径三个部分进行阐释论述。

关键词:社会主义核心价值观;就业观;思想政治教育

习近平总书记在党的二十大报告中指出,社会主义核心价值观是凝聚人心、汇聚民力的强大力量,要用社会主义核心价值观铸魂育人,深入开展社会主义核心价值观宣传教育,把社会主义核心价值观融入法治建设、融入社会发展、融入日常生活,着力培养担当民族复兴大任的时代新人(黄蓉生,2022)。

大学生作为我国社会主义事业的建设者和接班人,是实现中华民族伟大复兴的中坚力量。将社会主义核心价值观融入大学生就业观,可有效帮助高校大学生理解国家层面的价值目标、社会层面的价值取向、个人层面的价值准则,从而提升大学生在择业与就业过程中的思想觉悟,树立科学、正确、积极的就业观。探索社会主义核心价值观融入大学生就业观的思路与路径,既是大学生个人需要,也是社会需求,具有重要的理论和实践意义。

一、大学生就业观现状分析

(一)就业意愿降低

2020年,新冠疫情席卷全球,虽然我国率先走出了疫情的阴霾,经济社会发展逐步有序恢复,但大学生就业环境仍产生了较大变化。在后疫情时代,大学生就业意愿降低,主要体现在以下两个方面:一是本科毕业生中,选择直接就业的人数占比较低。大部分本科毕业生选择国内升学或者国外升学,另有部分毕业生以二次考研来缓解就业压力,二次考研甚至三次考研的人数大幅增加。二是毕业生就业积极性不高。学校、学院、用人单位多方联动,通过推送招聘信息、举办线上线下招聘会和双选会、开展线上线下就业指导与帮扶等多种方式,为毕业生提供了很多就业机会和就业指导,但毕业生主动参与率不高。同时,疫情的影响进一步加固了少数毕业生"慢就业、不就业"的求职意愿。

(二)就业倾向功利化

随着社会经济的高速发展和就业形势日益严峻,大学生就业观呈现功利化的选择趋势。大学生在择业时把个人利益最大化和个人价值实现放在首位,着重考虑职业的薪酬待遇、社会地位和其他实际利益。越来越多的大学生倾向于在大城市、大企业就业,对于进入福利待遇高、社会评价高、发展空间大、工作环境好的用人单位更是如同千军万马过独木桥。大学生相对不愿意到基层、到西部、到祖国最需要的地方建功立业,缺乏艰苦奋斗的品质和奉献社会的精神(王宇恒,2020)。

(三)就业心理问题

近几年,社会职业环境快速变化,大学生择业就业期在个人价值、家庭期待、社会需求等方面充满心理矛盾。大学生在择业阶段产生的心理问题很多,结合毕业论文、情感危机等因素,易引发心理危机事件。目前,高校大学生主要存在以下四个方面的就业心理问题:

一是眼高手低,预期过高。社会和职业环境快速变化,"象牙塔"中高校大学生缺乏社会实践、工作经验不足,无法正确认识和评估自身能力。在求职阶段一味强调薪酬待遇、工作环境等条件,导致眼高手低,对工作效益预期过高。

二是盲从冲动,目标不清晰。部分大学生心智尚未成熟,无法做到客观分析社会需要和个人职业意愿,没有明确的求职目标,因此在就业时产生了随波逐流的盲从心理。

三是承受能力较弱,意志消沉。就业形势复杂而严峻,部分大学生在经历多次求职失败后,不想方设法提升自身实力和学习求职技巧,反而表现为意志消沉、消极自卑。

四是持续焦虑情绪,导致心理问题。部分大学生既希望尽早迈入社会自食其力,又对在社会上生存感到恐惧;既期待获得机会,又害怕面对挑战;既重视发展前景,又抱有急功近利心态。各种内在的心理矛盾和冲突,导致学生产生持续的焦虑情绪,以致出现心理问题。

二、社会主义核心价值观融入大学生就业观的意义

在大学生就业教育全过程中,将社会主义核心价值观融入其就业观中具有很强的现实意义,既是引领大学生积极参与实现伟大中国梦、发展中国式现代化的需要,也是助力大学生个人成长成才、实现个人价值的关键,让大学生在择业就业过程中能够将青春之“小我”融入祖国之“大我”,更好地展现当代青年人的家国情怀与责任担当。

(一)实现伟大中国梦的需要

2023 年 12 月,中共中央办公厅印发的《关于培育和践行社会主义核心价值观的意见》中指出,培育和践行社会主义核心价值观,是推进中国特色社会主义伟大事业、实现中华民族伟大复兴中国梦的战略任务,要把培育和践行社会主义核心价值观融入国民教育全过程(朱维霞,2014)。

大学生是中国特色社会主义事业的建设者和接班人,是中国梦的参与者和实现者。大学生拥有正确的就业观念,对国家建设与中国梦实现具有重要意义。将社会主义核心价值观融入大学生就业观,有利于大学生把个人事业与党和国家建设相统一,将个人目标与伟大中国梦相融合(赵淼丽,2019),从而使学生愿意到基层去、到西部去、到祖国需要的地方建功立业。

(二)适应社会发展的需求

大学生充分就业是社会健康稳定地发展的保障,只有整体推进大学生充分就业,才能保障我国企事业单位招聘工作的有序开展,促进社会和谐稳定发展。后疫情时代给大学生就业带来一定影响,部分毕业生面对复杂而严峻的就业形势,就业意愿降低,选择慢就业,甚至不就业。

将社会主义核心价值观融入大学生的就业观中,有利于帮助其树立积极的就业愿望,弥补其社会责任感的缺失。鼓励大学生努力尝试,把握就业机会,为社会发展贡献青春力量。

(三)大学生成长成才的关键

将社会主义核心价值观融入大学生的就业观培养中,使其树立正确的就业观,是助力大学生成人成才的关键。一方面,随着高等教育进入普及化时代,高校毕业人数逐年增多,就业压力越发凸显。将社会主义核心价值观融入其中,培养大学生塑造正确的世界观、人生观、价值观,可以助力大学生更好地面对可能的求职压力与就业困惑,保持稳定平和的就业心态,拥有百折不挠的意志品质,促进大学生顺利就业。

另一方面,随着网络化、智能化的高速发展,大学生可以轻易接触到各类网络信息。其中不乏消极文化,这对大学生正确就业观的树立有不良影响。将社会主义核心价值观融入大学生的就业观培养中,促使大学生在四年的求学过程中不断提升思想觉悟,在择业与就业阶段用正确的就业观念指导自身的行为,从而实现自身价值。

三、社会主义核心价值观融入大学生就业观的路径

社会主义核心价值观融入大学生就业观,可从课堂教学、社会实践、思想政治教育、心理疏导、创新创业教育五个方面进行。

(一)抓好课堂主阵地

课堂是高校课程教学的主阵地,是思想政治教育的主渠道(张博,2022),更是社会主义核心价值观教育的主渠道。具体有以下几个方面:

一是思想政治理论课程学习。思想政治理论课包括思想道德与法律修养、形势与政策等,作为必修课贯穿学院学生的学习。思政课通过对社会主义核心价值观概念内涵、发展历程、基本原则、践行路径等多角度的解读,让学生深入理解"富强、民主、文明、和谐,自由、平等、公正、法治,爱国、敬业、诚信、友善"在国家层面、社会层面、个人层面的价值意义(张微 等,2022)。

二是大学生职业生涯课程学习。学生在大一学年即学习大学生职业生涯规划课程。课程通过职业发展规划与自我认识、大学生活与职业发展、职业发展决策与行动三个方面的内容,帮助学生树立正确的就业观。课程将社会主义核心价值观融入就业观教育,鼓励学生把个人职业理想与社会主义共同理想相结合,把自身职业目标与中华民族伟大复兴中国梦相统一,努力成为社会主义建设者和接班人。

三是专业课程学习。在专业课程学习中积极践行课程思政,努力解决专业课程教学中容易出现的知识传授与价值引领不同频不共振、课程思政实践教学流于形式等困

难,探索专业课程思政教育的合理方法,将社会主义核心价值观、大学生正确就业观等思政内容融入专业课程人才培养的全过程中。

(二)发挥社会实践作用

社会实践作为课堂教学的补充,是运用所学知识实践自我的最好途径(王昕 等,2023),更是培养复合型人才的重要环节和主要载体。在实际工作中,要深化产教融合、校企合作,引导大学生走进社会,积极参加社会实践。通过社会实践、志愿服务,在帮助学生建立专业自信的同时,完善自我认知,深化对社会主义核心价值观的理解。

在具体实施方面,一是构建产教融合协同育人机制,建立专业实践基地。学生在教学生产相结合的实践基地中体验工业化生产线的真实情境,提升职业品格和职业素养,增强社会责任感和使命感。二是引进优质教学资源,配备专业授课团队。业界导师引导学生融合理论与专业产业实际,在深入基层和服务国家重大战略实施中,提升专业自信,砥砺爱国情怀。在业界导师的言传身教下培养工程人才的服务意识和奉献精神。三是对接社会实践资源,鼓励学生参与志愿服务。鼓励并支持学生利用寒暑假时间走出校园、走进社会,鼓励他们自发组织、主动报名参与各级各类志愿服务与社会实践,在潜移默化中引导学生将社会主义核心价值观融入其就业观中。

(三)融入思想政治教育活动

组织开展日常思想政治教育活动,通过寓教于乐,将社会主义核心价值观与正确就业观的内容融入日常思想政治教育活动,真正让社会主义核心价值观在大学生就业观念中扎根。具体有如下方式:

一是召开动员会议,加强沟通交流。通过联动辅导员、班主任,以班会等多种形式召开就业动员会,帮助毕业生积极调整就业心态与求职意向。既让毕业生看到复杂严峻的就业形势,又让毕业生客观准确地认识自身定位,尽快适应网上求职形式,主动参加各级各类线上线下的招聘活动。

二是树立典型人物,发挥榜样力量。组织同学采访到西部基层工作的青年典型,让他们讲述自己的经历与工作感悟,并在官方网络平台上发布。讲述他们扎根基层、服务边疆,助贫扶贫、不断前进的事迹,同时学院向广大毕业生发出号召,到基层去、到西部去、到祖国最需要的地方去建功立业。

三是利用新媒体优势,拓宽宣传渠道。构建多渠道、立体化的宣传矩阵,利用微信公众号、哔哩哔哩、微视频、直播等宣传平台,大力推广社会主义核心价值观的概念内涵、发展历程、价值意义,积极宣传并组织开展教育活动。

(四)开展心理疏导

大学生尤其是毕业生群体,面对就业困难和就业挫折时易产生负面情绪,从而影响其自身能力发挥和顺利就业,甚至影响心理健康。因此,要重视毕业生的就业心态,充分考虑大学生的心理因素,将社会主义核心价值观融入日常就业观念教育和心理疏导中。具体应有如下举措:

一是多方联动。学院就业联系人、毕业年级辅导员、班主任和学校心理健康教育中心进行充分联动,通过日常谈心、心理讲座等多种形式,鼓励大学生全面认识自己,面对挫折时以正确的就业观念缓解焦虑心态,指导自身行为。以社会主义核心价值观为着力点,帮助大学生形成更加广阔的胸怀。

二是多措并举。通过每周发布招聘信息、开展专场双选会、以朋辈辅导的形式进行就业经验分享、邀请专业导师开展就业讲座等多项举措,在大学生就业的各种问题上答疑解惑,促进社会主义核心价值观融入大学生就业观,引导大学生树立正确的就业观,帮助学生提高就业技能,进而实现职业理想与伟大中国梦相统一。

(五)拓展创新创业教育

创新创业教育具有很强的实践性,通过将社会主义核心价值观融入创新创业竞赛、项目孵化和相关双创课程中,帮助学生塑造正确的世界观、人生观、价值观,塑造学生奋进拼搏的精神品格。创新创业教育中的思政元素也能够涵养培育学生的爱国情怀、社会责任担当与团队协作精神,有效改变学生"缓就业、慢就业"心态,帮助学生形成正确的就业观(杨荣芳 等,2023)。

(王娟,中国传媒大学国际传媒教育学院;
王雨晨,中国传媒大学信息与通信工程学院)

参考文献

黄蓉生,2022.新征程广泛践行社会主义核心价值观论题探赜——学习党的二十大报告体会[J].社会主义核心价值观研究,8(6):5-10.

王昕,蒋莉莉,蒋梓瑶,等,2023.课程思政视域下护理本科生社会实践能力培养[J].高教学刊,9(6):156-159+163.

王宇恒,2020.社会主义核心价值观引领大学生职业价值观的培育[J].现代商贸工业,41(19):116-117.

杨荣芳,李红,李映松,2023.创新创业教育与思政教育融合探索与实践[J].创新创业理论研究与实践,6(2):68-71+97.

张博,2022.新时代高校“课程思政”建设研究[D].吉林大学.

张微,高峰,赵路阳,2022.社会主义核心价值观教育贯穿思政课教学全过程研究[J].学校党建与思想教育,673(10):53-55.

赵森丽,2019.新形势下用社会主义核心价值观引领大学生就业观的若干思考[J].法制与社会(28):200+216.

朱维霞,2014.大学生社会主义核心价值观培育和践行路径探析——解读《关于培育和践行社会主义核心价值观的意见》[J].科教导刊(上旬刊),190(7):87+98.

高校财务会计向管理会计转型探析

周星秀

摘要:管理会计作为会计与新经济时代管理理念融合的产物,是建立现代财政制度、推进国家治理体系和治理能力现代化的重要举措。为此,高校正在积极探索落实管理会计体系。本文在梳理高校财务管理现状的基础上,阐述了高校财务会计向管理会计转型的必要性,提出了高校财务会计向管理会计转型的实施方案,即从组织管理体系建设、业财融合建设、管理会计信息化建设、专业人才队伍建设四个方面构建符合高校发展的管理会计体系,以实现信息流、业务流、资金流从输入、处理到输出的一体化管理,从而能够通过数据分析对高校业务活动进行规划、决策、控制与评价,带来高校财务管理的创新和治理水平的提升。

关键词:高校财务;管理会计;财务会计;业财融合;数据分析

2017年,教育部、财政部、国家发展和改革委员会联合印发了《统筹推进世界一流大学和一流学科建设实施办法(暂行)》,总体目标是到2030年,高等教育整体实力能够显著提升,向高等教育强国迈进。财务管理作为高校工作的基础和重要支柱,在追求质量与特色的高校“双一流”建设过程中具有重要的指导意义。新社会、新技术赋予新任务,管理会计正是高校财务管理改革创新的方向。

一、高校财务管理现状及问题

(一)外部环境

1. 高校财务管理面临的政策环境

财政部早在2016年6月发布了《管理会计基本指引》,为行政事业单位加强管理会计工作提供指引。后来国家大力推进政府会计改革工作，高校于2019年1月1日起全面落实政府会计制度，实施双基础、双分录、双报告，这种创新性改革使高校财务管理模式发生巨变，也为高校财务从传统的“核算型”财务会计向“参与管理型”的管理会计转型奠定了坚实基础。

为响应“十四五”规划“加快建设现代财政制度”的要求，财政部于2021年3月底发布了《会计改革与发展“十四五”规划纲要(征求意见稿)》，其中提到“加强管理会计在行政事业单位的应用推广，为行政事业单位提升内部治理水平作出有益探索”。由此可见，高校财务会计向管理会计转型获得了有力的政策支撑，开展高校管理会计体系建设工作日趋重要和紧迫。

2. 高校财务管理面临的技术环境

数字经济时代，大数据等一系列信息技术的应用普及为当下各行各业的发展提供了与传统截然不同的生产、管理、竞争和创新方式。高校财务管理模式借助互联网、平台交互等技术完成初步转型升级，实现了线上报销、电子会计凭证、电子发票等功能，在一定程度上提高了财务人员的工作效率。但是，目前这些数字技术的应用仅局限于财务部门内部，且仅停留在表层，并没有深度开发利用高校各部门之间的数据共享、数据挖掘等功能，使数字技术对财务管理更高层次的价值被埋没。高校推进管理会计，恰恰能够全面激活数字技术在高校财务管理中的价值，有效提升高校的财务治理能力与效率。

(二)内部条件

1. 财务工作繁重，轻管理重核算

随着国家对高等教育的投入不断加大，高校规模持续扩大，科研项目多样化，经费来源和业务类型日益复杂，财务工作量呈现几何级数增长。另外，随着财政部、教育部对高校各类经费的管理越来越严格精细，以及近年来政府会计制度、深化预算管理制度、国库集中支付制度、个人所得税法等一系列改革落地，高校财务工作难度骤然上升。目前，绝大多数财务人员都被基础报销、报表填制、税务票据处理等非增值性工作淹没，只有少于20%的人在做预决算管理、项目管理等基础性管理会计的工作。由此可见，高校财务工作整体缺乏系统性规划，专业人才储备不足，迫切需要改变现状，革新财务管理理念和方法。

2. 高层认识提升，制度有待完善

对于高校治理而言，管理者一般更注重教育教学、学科建设以及科研活动等业务性强的方面，而把财务单纯作为资金收支的核算工作，缺乏财务战略全局意识。近年来,随着高校不断深化改革,内部控制管理全面落实,高层对财务管理的认识有了很大提升,认识到财务筹资投资、预决算分析、成本控制等财务管理手段对高校发展有着举足轻重的影响,开始逐步制定并实施科学的财务管理制度,以充分发挥财务职能、优化资源配置、规避财务风险、提高管理效率。目前,高校已具备较为完善的报销核算制度体系、资金管理支付制度体系等,但资产管理、合同管理、内控管理等制度体系还不够完善,关于管理会计的相关制度没有成形成文。

3. 信息孤岛严重,流程冗长耗时

高校致力于数字校园建设以来,财务信息化发展一直走在前列,逐步建立了相对健全的财务管理系统,从网上报销、科研经费查询、工资管理、个人收入计税、学生奖助发放等多方面为师生提供个性化模块服务。但是,由于高校信息化建设缺乏上层的统一部署,导致科研、资产、教学和人事等部门各自为政地进行信息化建设,加上这些部门业务不同、信息化成熟度不同,造成了财务管理系统与这些部门系统间相互独立,财务和业务信息分离,呈现信息孤岛现象。高校内部数据无法实现跨部门交互共享,导致业务流程繁杂重复且冗长,部门之间协同效率低,无法准确及时地获取信息,无法进行有效的宏观分析和管控。

二、高校财务会计向管理会计转型的必要性

(一)管理会计与财务会计的区别和联系

传统的财务会计特征在于“核算”,每一经济事项发生之后,财务会计才开始介入进行专业化核算、记账和报告,用一系列会计规章制度来保证事件的真实性。而管理会计的特点在于“管理”,对每一经济事项从发生前便开始跟踪,一直到发生、发展和结束,整个过程需要一个系统性极强的运营体系支撑,收集各阶段数据信息进行挖掘、分析,实现决策、控制和预警等价值性管理。

在实际财务工作中,管理会计和财务会计是相辅相成、相互协助的,两者是协同共生关系。管理会计工作要在财务会计工作的基础上来完成,而更科学合理的财务会计工作要靠管理会计来指引。随着数字经济时代的发展,一些重复率高、规律性强的财务会计工作可以被智能软件代替,更多的财务人员必将面临向管理会计转型的问题。为适应新形势下财务管理模式,财务人员应当发挥自身的主观能动性,积极参与业务活动,多思多想多分析,融合核算和管理思维,提高财务管理的价值,创造更高的社会效益。

（二）高校管理会计的作用

管理会计活动是单位利用管理会计信息，运用管理会计工具方法，在规划、决策、控制、评价等方面服务于单位管理需要的相关活动。通过前文分析可知，无论是政策环境、技术发展还是内部管理需求，高校从财务会计向管理会计转型已经是大势所趋，以解决高校日益增长的管理和服务需求与落后的技术和管理体系之间的矛盾。高校实施管理会计的作用：一是为高校各层级战略管理提供依据，助力“双一流”建设，提升高校管理监督水平；二是促进财务管理思维转型，落实成本核算、预决算分析、绩效评价及风险预警，完善高校财务管理制度体系；三是推动业务信息和财务信息的融合，打破孤岛现象，优化流程管理，用信息数据说话，实现资源有效配置。

三、高校财务会计向管理会计转型的实施方案

针对高校自身特点和发展现状，结合笔者在高校的财务工作经验，为推进财务会计向管理会计转型提出如下实施方案。

（一）组织管理体系建设

高校管理会计是一项系统化工程，绝不是简单的部门联合体，应立足于学校整体战略规划，制定出与之相匹配的权责明晰、制度健全、流程完备的组织管理体系，从宏观上把握管理航向，以实现高校可持续发展，增强核心竞争力。

高校管理会计组织体系建设是“一把手”工作，应当引起各级领导的重视，只有各单位部门负责人从战略全局出发，亲身部署工作，才能统一思想、提高整体认识、强化协同效应。高校管理会计的组织管理体系建设应以扁平化为原则，以高效灵活为宗旨进行搭建，如图1所示，由学校党委常委统筹，选派各单位部门负责人组建成立管理会计领导小组，组员涵盖全校所有的教学、行政及后勤部门。其中，小组办公室设在财务处，负责相关制度建设、管理会计信息系统建设、业务流程优化等具体工作，并设置相关管理会计岗位，为全校领导及部门单位提供相应的预测、分析、决策、控制、评价等管理会计职能。高校其他行政部门和教学单位作为小组组员，全力配合财务处各项管理会计工作的开展，对各自领域的业务负经济责任。其中，信息化处作为全校大数据平台的运维部门，要大力支持财务处工作，与小组其他成员进行定期沟通，为管理会计信息系统建设和业务流程优化提供身份认证、权限管理、网络安全等信息技术支持。整个组织管理体系在领导小组的带领下，严格遵守上级文件要求，通力合作，共同推进管

理会计转型工作的落实。

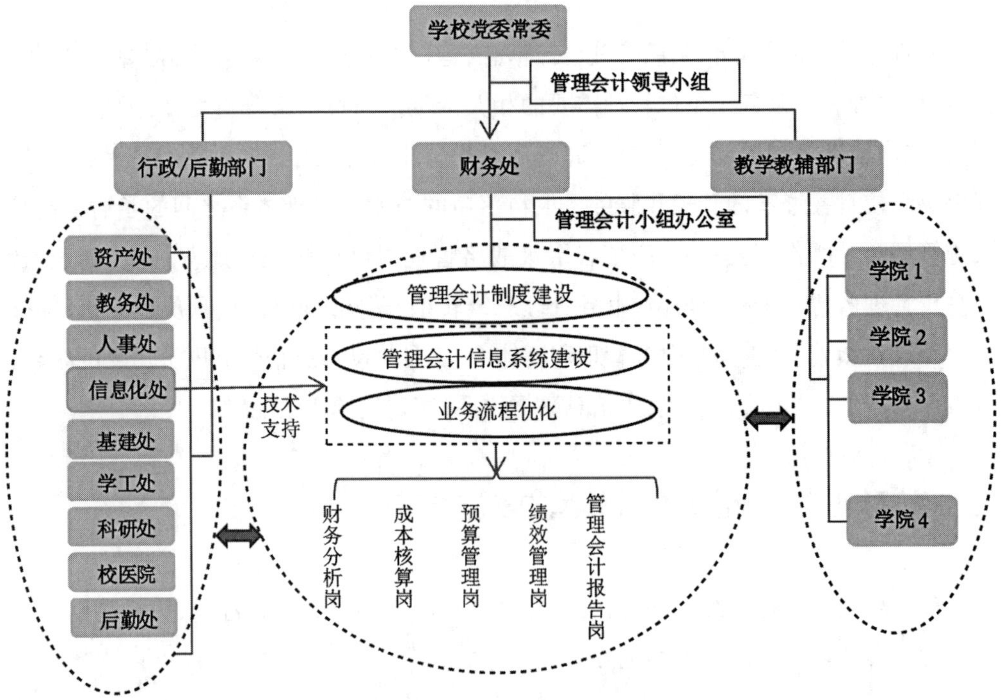

图1　高校管理会计组织管理体系架构图

(二)业财融合建设

顾名思义,高校业财融合是将高校的财务信息与其他业务部门的非财务信息相融合,所以应由财务部门和各业务部门共同参与。在管理会计组织体系的架构下,财务部门重新梳理高校业务流程,每一业务活动信息从酝酿初期开始,即纳入财务管理会计系统内,将财务信息嵌入业务活动发展的每一步,实现财务信息流、资金流与业务流、价值流的融合,从事后风险审计升级到全程跟踪、即时把控、步步监督。各业务部门应当熟悉掌握财务管理会计的流程和制度,读懂财务数据分析结果,设计与其匹配的有效业务指标,为业务战略选择、实施和评价提供有力依据,进而选择成本最优、价值最大、风险可控的业务活动。

以高校科研助理管理为例进行业财融合流程建设分析,如图2所示:

将业务活动全程进行业务流、信息流、资金流的同步分析,业务流从科研助理在人事处入职报到开始,信息流以人事处在人员信息库中生成一条以工号为主键的人员信息开始,财务资金流从工资管理系统中新增一条由人员信息库同步共享来的人员信息开始。

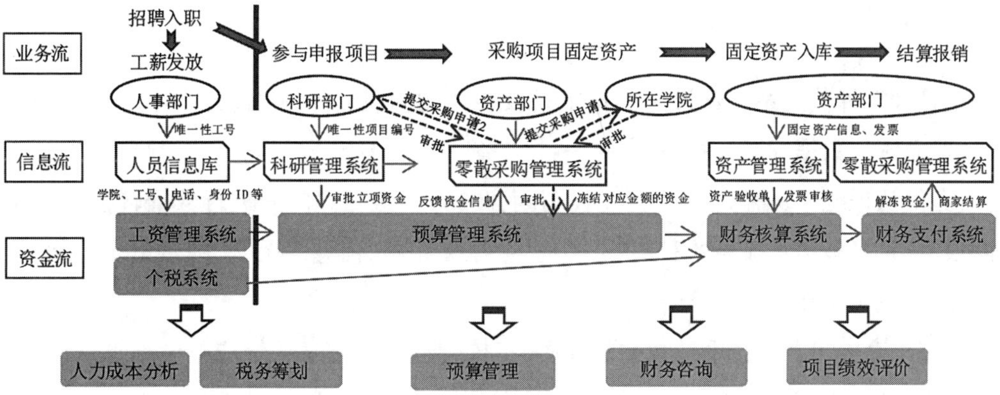

图 2　业财融合信息流程图

业务信息和财务信息能够做到全程融合的重点，是对图中所有系统产生的公共信息流数据进行统一标准化抽取、加工和整理，以此打破业财融合的壁垒，实现数据的有效传递和共享，如人员、项目、固定资产的基础信息等。而对于财务系统中数据安全要求较高的相关数据，则可以用身份授权的方法实现权限式开放，如只有业务负责人和经办人能够获取相应的经费数据。

基于业财融合，科研助理在进行项目申报、项目采购、资产入库及报销的一系列业务活动中，相比传统流程有了很大优化，解决了事先垫付事后报销的问题。零散采购管理系统与科研、财务系统对接，所以当科研助理发起项目采购申请时，能够在采购界面获取项目预算详情、分项额度情况等财务信息，实现财务信息的事前参与，确保经费使用符合财务制度要求。经过项目负责人、学院负责人以及科研管理负责人和资产负责人逐级审批后，财务系统将冻结此项目编号里对应金额的额度，确保项目不会超支。当购买的资产到货后，在资产管理系统中进行入库登记，财务系统可同步获取资产验收单和发票信息，经过财务审核后进行资金解冻，与商家完成线上资金结算，同时项目额度正式扣减，并将结算信息反馈至采购管理系统。

基于业财融合，在发放科研助理工资的业务中，财务、人事共享人员信息库，获取人事薪酬信息后工资管理系统进行计税扣除，在财务核算系统记账前需经项目预算管理，符合预算则冻结对应资金进行下一步财务支付，不符合预算则反馈人事无法发放，防止项目人员经费超支运行。鉴于人事、财务两大模块信息的敏感性、私密性以及安全性都很高，在实际工作中需要严格设定权责权限。

基于业财融合，在业务活动后，可对财务信息进行更深度的数据挖掘和分析预测，即下文将要介绍的管理会计信息系统功能，为科研项目业务活动提供诸如预算管理、人力成本分析、税务筹划、绩效评价等服务，为项目决策提供参考，实现财务信息价值增值。

(三)管理会计信息系统建设

管理会计信息系统建设应依托于高校整体的信息化系统建设,以业财融合为基础,建立统一数据标准,做到六个统一:标准统一、接口统一、应用统一、数据库平台统一、身份认证统一、信息门户统一(代利刚,2020)。这是部门间进行数据转换和共享的根本,是打破信息孤岛的利器,是实现“数据多跑路,信息多融合,师生更满意,管理更高效”的大前提。

基于高校事业单位财政拨款的性质,高校管理会计信息系统应包含预算管理、成本管理、绩效管理以及管理会计报告等几大模块。在统一数据标准的基础上,管理会计信息系统具备信息交互共享、灵活拓展的特性,能够根据财务和业务的变化及时进行模块规划调整,具体作业模式如图 3:管理会计信息系统从人事、资产、科研、教学、学工等业务管理系统中,按模块抽取具有统一标准的业务数据进行归集,运用管理会计工具方法对财务、非财务数据进行深度分析挖掘,最后将结果反馈至各业务管理系统,助其进行计划、决策、控制和评价。

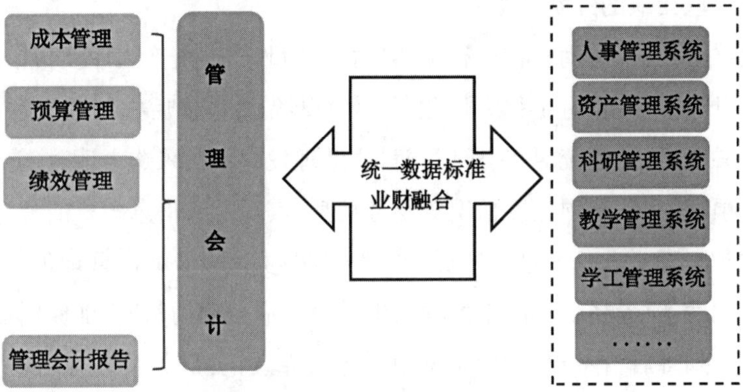

图 3　管理会计信息系统作业图

管理会计信息系统的每一次作业在系统内部均有留痕,所有数据均可溯源,确保做到有迹可循。滴水穿石,日积月累,管理会计信息系统内的数据信息将成为高校治理中最有价值的资产,通过交叉分析、可视化呈现等方式为高校管理提供现代化科学依据。

(四)专业人才队伍建设

《会计改革与发展“十四五”规划纲要(征求意见稿)》中提出“建立健全分层次、分类型的会计人才能力框架体系,持续创新会计人员培养方式方法”。随着社会发展和科技进步，高校会计要完成从财务会计向管理会计的转型，需要建设培养一支特色化专业人才队伍。具体方法有：一是向管理思维转型。培养财务人员从财务核算思维向管理分析思维转变，从局部视角向全局视角转变，从关注表层凭证票据向关注深层资金效益转变，逐步把管理意识植入日常工作中。二是向业务融合转型。组织财务人员进行业务知识培训，让财务人员深入业务活动内部，增强其对教学管理、科研管理的敏感度，提升其组织能力、沟通能力等。三是向信息化转型。安排财务人员学习软件管理、数据分析等信息化专业知识，提升其优化流程、风险管控能力等。

管理会计的实际应用不仅用到会计、管理方面的专业知识，还与经济学、计算机科学、统计学等学科紧密相连。高校应利用自身专业优势建立培训管理体系，多轮岗、多调研，引进来、走出去，多鼓励、多奖励，丰富人才培养方式方法，建立集管理、财务、业务、技术于一体的复合型人才储备库。

四、结语

总体而言，高校财务会计向管理会计转型工作任重而道远。目前，各高校对管理会计体系的建设还处于理论研究和试点阶段，距离全面应用还需要一段时间。诚然，这是一个循序渐进的过程，在此过程中高校必须紧跟数字经济时代的发展，重视管理会计的价值，发挥管理会计的优势。这就要求高校能够从自身实际出发，全局筹划现代化的财务管理体系，层层突破，不断深化创新、开放共享，利用数据分析为各管理层提供科学化决策依据，降低高校财务风险，改善和增强高校财务治理能力，助力高校内涵式发展。

（周星秀，中国传媒大学财务处）

参考文献

财政部，2016. 管理会计基本指引[EB/OL].（2016-06-22）[2023-06-10]. https://www.gov.cn/gongbao/content/2016/content_5139840.htm.

财政部，2021. 会计改革与发展"十四五"规划纲要（征求意见稿）[EB/OL].（2021-11-24）[2023-06-10]. http://www.mof.gov.cn/gkml/caizhengwengao/wg2022/wg202201/202206/P020220608612967448489.pdf.

崔琼，2021. 管理会计视角的高校财务管理创新[J]. 商业文化（23）：98-99.

代利刚，2020. 高校管理会计信息化现状及有效实施路径探讨[J]. 无线互联科技，17（10）：84-86.

万鑫，2021. 管理会计视角下企业财务共享服务的优化设计[J]. 中国总会计师（4）：150-151.

高校校园文化建设与环境育人理念的探索与实践

孙剑仪

摘要：高校的校园文化是高校在长期办学的过程中形成的独特文化氛围和精神环境，它蕴含属于自己的独特感染力和强大凝聚力，潜移默化地影响着广大师生，是培养全面发展的高素质创新人才的重要平台和资源。本文通过论述校园文化、校园环境与育人理念的关系，在探究校园环境建设现状、环境建设基本要素及融媒体时代背景的基础上，进一步探索育人理念下校园环境的营造策略，从高校校园环境建设入手为校园文化建设提供新思路，以便更好地践行育人理念。

关键词：融媒体；校园文化建设；环境育人

一、校园文化建设与环境育人理念的关系

（一）高校校园文化与物质文化建设

余秋雨先生曾说过，文化，是一种包含精神价值和生活方式的生态共同体，它通过积累和引导，创建集体人格。校园文化是一种集体文化，学校办学的形成和发展历史进程中凝集的物质文化和精神文化的总和，是校园里的一切人、事、物等诸多关系的生态共同体。高校校园文化建设的目的在于利用物的存在和精神的统一创建一种氛围，利用这种氛围启迪学生的心智，促进学生全面发展。校园文化建设涉及的内容十分广泛，包含物质文化、精神文化、制度文化三个层次，本文侧重校园文化建设中物化形态的部分，即校园物质文化建设。

在校园物质文化建设中，“物”起引导作用。“物”作为发挥影响作用的存在体，有着重要的环境美化和人文承载价值，是校园文化建设中最为主要的硬件设施，是校园

文化直观化、视觉化的重要工程，最直接的体现是校园环境建设。

(二)校园环境与育人理念的关系

按照科学发展观的要求，高校中心工作应体现育人为本的理念，除了开展传统的教书育人、管理育人、服务育人外，许多教育工作者越来越重视环境育人的作用，认为它是第四种育人方式。教育原理告诉我们：遗传、环境、教育是影响人发展的三大因素，遗传只为一个人发展提供可能性，而环境和教育才使这种可能性在规定的方向和内容上成为现实。因此，高校校园环境对师生的认知和情感都存在潜移默化的影响，对学生的身心健康和全面发展有着润物细无声的作用，是育人的“特殊课堂”，培养学生健康的人格是需要在学生的心智、性情、社会、道德、审美等诸多方面协同发力的。

高校的校园环境不仅是学生学习、生活的物质条件，还具有传统教育、审美教育、素质教育、思政教育等功能。审美性是校园文化的基本属性，是深入实现育人作用的关键所在。优美的环境可以愉悦师生的心情、增强文化共识，加深师生对学校的情感。

二、高校校园环境的建设现状

改革开放后，中国经济蓬勃发展，中国建筑业也进入快速发展时期。与此同时，中国的建筑出现了“千村一面”的现象，高校也不例外。目前从大学校园环境建设现状来看，高校校园环境普遍存在空间资源稀缺、环境布局相似、环境与教学理念不符等问题，环境育人的作用部分缺失。高校的校园环境建设应从环境设计的全局性出发，利用各种资源，通过科学设计、合理配置、整体规划的方式形成自然、和谐、绿色的校园文化环境。

三、校园环境建设的基本要素

高校校园环境的基本要素包含环境的构建者、环境的受影响者、环境的影响因素。本文的研究范畴是校园文化中物化形态的部分，即校园物质文化建设，也可理解为校园环境空间设计。高校校园环境的构建者主要由高校行政管理人员和教学辅导人员构成，这些人员作为一线的教育工作者，是校园环境建设中不可被替代的重要角色。学生作为高校环境中的主要受影响者，环境对于他们的影响是高于教师群体的，在校生的学习生活需求、审美需求以及毕业生的母校记忆都需要得到满足。校园环境中具有辨识度的特征,主要体现在校园建筑的整体规划、校园的景观规划、校园的导向系统规划、校园的绿化规划、校园景观小品设计、校园文创产品设计等方面,这些方面也可看作一种环境符号,作为符号便要有它想要传递的信息和文化。

四、融媒体发展对环境育人的推动作用

习近平总书记指出,要推动传统媒体和新兴媒体的高度融合,这为高校立德树人教育指明了方向。融媒体是一种理念媒体,在一定程度上说,是传统媒体和新兴媒体高度融合之后,形成了符合教育规律和大学生成长规律的"新"媒体,这不仅改变了学生接触信息的单一性,为学生提供了解各种社会现象和新知识的新平台和新途径,加快他们融入社会的步伐,也成为高校校园文化传播的重要载体,它的出现为校园建设带来了新机遇。融媒体传播的开放性、灵活性、快捷性给高校校园文化建设提供了更为广阔的平台,虚拟性、匿名性为校园文化建设提供了新视角,有助于提升校园文化的实效性。校园文化的传播,增强了师生的自豪感和自觉性,激发了师生的向心力和凝聚力,形成了校园文化建设的巨大内部力量。与此同时,校园文化传播也形成了面向社会的外部力量,一方面提高了学校的知名度与美誉度,另一方面,增强了校园文化传播的辐射面和吸引力,进而提高了学校的竞争力。融媒体的发展与校园文化传播相辅相成,互相延伸。

五、环境育人理念下的校园环境营造策略

无论是国内还是国外,校园环境与育人理念相辅相成、相互塑造,要想更好地实现环境育人,我们需要研究其功能性、审美性以及引领性等方面的作用机制。

(一)功能性满足环境合理需求

校园是承载教学功能的空间场所,其功能定位、流线组织、空间形式、植物配置等均应体现出校园环境设置的合理性、便利性、舒适性,从而达到满足师生使用的需求。高校校园文化的功能有多方面,概括起来主要有陶冶功能、导向功能、自我教育功能、凝聚功能、激励功能、娱乐功能、审美功能。新时期教育理念将教育空间延伸至课堂之外,包含室外空间、校园景观、融媒体平台等。校园环境功能的合理性与校园文化功能的育人性较好地融合,校园空间将更好地发挥教学相长的作用,从而构成环境育人的

第一层作用机制。

(二)审美性满足环境愉悦需求

在满足校园环境功能实用的基础上,我们需要进一步去探讨在校园环境中如何将自然与艺术结合,如何将自然环境与人文环境结合,经由美的视觉化和场所的可感性,让师生能感到在此空间中十分愉悦,让师生能与校园环境产生更多互动,受到更多熏陶,从而潜移默化地实现育人的目的。

(三)引领性满足环境启发需求

在以"合理功能"为物质基础,以"愉悦身心"为精神需求的基础上,环境育人的第三层作用机制就是要达到思想引领的作用,经由自然环境与人文环境结合所呈现出的可感环境要对学生具有启发性。大学精神所体现出的内在精神品质和价值追求不仅具有引领作用,其普世意义还会随着时间的流逝而不断变化和延续,其独特的精神气质和文明成果,体现在校园环境的一草一木之中。由此可见,凝聚校园精神的校园环境是育人的最高层次表现,也是校园空间设计的最终目标。

六、结语

高校校园环境是物质文化和精神文化传承的重要载体,作为与师生密不可分的一种特殊介质,对于师生的影响是最直接、最有力、最鲜明的。考虑到融媒体环境的催化作用,在环境育人理念下的校园环境营造策略包括校园建筑的整体规划、校园的景观规划、校园的导向系统规划、校园的绿化规划、校园景观小品设计、校园文创产品设计等方面,应充分考虑到其对校园师生的功能性、审美性以及引领性等多方面的作用机制,使其真正达到环境育人的目的。

我们应该努力建设大学校园的物质和精神双重空间,化"被动"为"主动",变"不利"为"有利",从而构建融媒体时代下校园文化建设与育人理念的新路径。

(孙剑仪,中国传媒大学数据科学与智能媒体学院)

参考文献

阚宝奎,2009. 论高校校园文化与学风建设[J]. 思想教育研究(S1):121-123.

李冠儒,邹彦宁,2010. 树立环境育人理念 建设绿色大学——以清华大学的改革措施为例[J]. 行政与法(12):45-47.

马荣,2003.浅谈校园环境与育人的关系[J].漳州师范学院学报(哲学社会科学版),17(4):104-106.

孙之博,2022.美育视角下的高校校园文化建设研究——以校园环境设计为例[J].湖南包装,37(5):196-199.

郑少鹏,2018.基于“环境育人”理念的校园景观设计思考[J].风景园林,25(3):59-64.

瑞士高等院校工程人才培养模式浅析

宋金宝　王　珏

摘要:本文结合笔者随教育部瑞士高校科技合作培训团研修的经历,介绍了瑞士高校工程人才培养的相关情况,阐述了瑞士高校的工程人才培养模式。知识经济时代的到来,使国际竞争不断加剧,国家社会发展战略实为人才发展战略。高校工程人才的培养是我国高等教育人才培养的重要内容之一,工程人才的培养质量已成为影响我国综合国力和国际竞争力的重要因素。高素质的创新型工程人才和关键领域应用型工程人才的培养,直接影响着我国科技领军人才队伍的质量,对我国在国际高科技领域中核心竞争力的形成具有重大的现实意义。

关键词:工程人才;培养;科技创新

一、瑞士高校工程人才培养的科技创新环境

瑞士连续多年位居世界经济论坛全球竞争力排名榜首,连续六年居世界知识产权组织全球创新指数排名榜首,被誉为"创新之国"。另外,经济合作与发展组织(OECD)数据表明,瑞士的人均专利持有量在全球范围内排名第二,仅次于日本。庞大的专利数量和商标注册量反映了瑞士创新水平之高,也体现了瑞士在高科技领域内雄厚的人力资源。

为了保持本国在创新方面的竞争优势,瑞士联邦政府和私人资金都对科研项目慷慨解囊。事实上,瑞士进行的研究有2/3是由私人资助的,多数有来自化工、医药、电子和金属工业等工程领域的资金支持。基础研究主要依赖于联邦理工大学和州立大学,而应用型研究及相关市场化产品、服务的成果转化则主要由企业或应用科学型大学来推动。瑞士能拥有"创新的基因"与富有竞争力并得到国际社会高度认可的工程

人才科技创新环境密不可分,具体包括以下几点。

(一)优越的人力资本

尽管瑞士工程人才占总就业人口的比重并不高,但工程人才的整体素质优越。这部分归功于瑞士多层次、高质量的教育制度,包括但不限于国际化程度高和品牌效应强的综合性大学对培养质量的保障、较高的职业教育参与率、瑞士社会对国际人才的高度吸引力等。

(二)多元的本地网络

由于联邦制的政治体制和多种语言文化并存,瑞士成为多元主义国家的代表。这一方面加强了不同地区以及与之有文化亲缘的邻国在知识、技术、人才方面与瑞士的交流,使瑞士博采众长;另一方面也使各类型的社会组织能够蓬勃发展,主动参与到科技和创新活动中。

(三)顶尖的框架条件

瑞士虽没有国家层面的集群政策,但能够为创业者和工程人才提供全球领先的框架条件,具体包括完善的基础设施、较低的企业税负(瑞士尚无针对创新活动和风险投资的税收优惠,但不征收资本利得税,从而减轻了初创企业和小企业的负担,正在讨论中的企业税改革也将减轻未来知识产权收益的税负)、灵活性高的就业市场、稳定的政治和法律环境、高质量的生活条件,以及在国际上处于中等偏上水平的创业条件等。

瑞士是全球研发投入比重最高的国家之一。研发经费有41%用于应用性研究,30%用于基础性研究,29%用于试验研发。经济界、政府和相关机构都是研发融资和执行的参与方,但私人部门在研发活动中的占比高达2/3,集中在研发密集型的大企业和部门创新能力强的中小企业。各级政府主要协助融资,且支持力度逐渐增加。而高校投入超过1/4,主要负责项目实施。

多重主客观因素铸就了瑞士在创新领域的成功,包括政府合理制定科研政策、高校积极推进工程创新、机构广泛开展对话合作、企业充分享有行动空间、与国际社会的密切互联以及社会历史文化基础、私人企业价值观的软性辅助等。因此,瑞士高校工程人才的创新环境可以总结为:竞争驱动,多元开放,政府支持。

二、瑞士高校工程人才培养的多元促进模式

工程人才创新活动对企业与企业之间、企业与高校之间的合作提出了越来越高的要求。因此,瑞士出现了各类工程人才创新促进机构,推动各单位在研发过程、知识和技术转移等各个环节的合作。据统计,瑞士共有 19 个国家层面的、14 个地区层面的和 93 个州层面的机构从事的业务与工程人才创新促进有关,主要包括信息咨询、网络搭建、科研基础设施建设、融资支持等。

与其他欧洲国家不同,瑞士主要公共创新机构体制精简,经费主要来自联邦而非各州。瑞士对自上而下的项目建设模式保持谨慎,原则上政府不直接给企业拨款。公共部门为研发提供支持需要遵循自下而上的原则,即由研究者和企业自行发起,并自担责任和风险。其中最重要的支持机构包括:联邦层面的科研促进机构——瑞士国家基金(SNF),联邦层面的创新促进机构——瑞士创新促进署(INNOSUISSE)以及瑞士科学院联盟。这些机构会依据申请开展评估并确定是否给予资助。

(一)瑞士国家基金

瑞士国家基金在 1952 年以私立基金会形式成立,与教育、科研和创新国务秘书处保持长期合作关系,业务范围几乎涵盖所有科学领域。

(二)瑞士创新促进署

瑞士创新促进署(INNOSUISSE)是联邦对科技创新的促进机构,支持公共研发和经济界之间的知识和技术转移,隶属于经济部并接受其指导,与教育、科研和创新国务秘书处保持长期合作关系。瑞士创新促进署是一家负责推动创新的联邦机构,以"把科学推向市场"为宗旨,其主要任务是确保实验室开发的创新知识能更快地转化为适销产品和服务。为此,创新促进署积极扶持高等教育与商业合作伙伴共同参与的联合研发项目。

(三)瑞士科学院

瑞士联邦每年拨款 3000 万瑞士法郎支持瑞士科学院联盟,后者由瑞士自然科学院、瑞士思想和社会科学院、瑞士医学科学院和瑞士技术科学院等组成,主要推动学界和社会对话并提供咨询。

(四)瑞士的企业

因为维系着高校、中小企业和服务商等多边网络,大企业在瑞士国家创新体系中扮演中心角色。大企业研发投入比重约36%,它的创新活动创造了大量工程类高质量岗位和培训机会,并通过与高校和本地企业合作、带动国际技术转移、引进外来知识等方式强化本地科研网络、服务瑞士经济发展。瑞士因其研发区位的优势,吸引了大量外国跨国企业落户,其作为海外研发中心的全球排名仅次于美国和德国。

三、瑞士高校工程人才培养的经验与启示

瑞士联邦每年投入60亿瑞士法郎用于教育科研,企业更多地成为创新主体。高校的资金中,政府基金占1/3(联邦或州),企业出资占2/3。面向应用型项目,瑞士联邦创新促进署有专项资金支持。同时,企业与高校广泛合作,共同提出研发问题并向创新促进署进行立项申请,获批的经费直接拨付高校,并由企业以现金或其他折合形式提供10%的配比经费。

工程人才项目在瑞士高校的开展很有针对性,这种方式让高校、学生、企业能达成共赢:对于高校,与企业机构建立长期关系,能确保自身保持前沿尖端位置,收获适用于教学的业界实例;对于学生,能实现提前就业、积累真实的商业经验,并能获得专业知识、社会交往、思维方法和个人技能的提升;对于企业,则可通过受过良好教育的年轻人获得新知识、新想法和新动力,打破思维定式和主观偏见,并提前锁定潜在员工。

在瑞士,工程人才职业教育与普通大学的互通,为科技创新与技术转移提供了良好的基础条件,并使教师、学生与企业相互了解、无缝对接。瑞士很多行业领军人物都是起步于职业教育。在瑞士这个自主性、多元化的联邦国家,创新自下而上,中小企业的使命是通过创新在全球竞争中保持优势,高校的使命则是推动创新,让先进技术最大化地应用于市场。双方达成高度共识,共同驱动,通过创新提升生产力和整体竞争力。

瑞士的基础研究主要由2所联邦理工大学、10所州立大学及大企业共同推动。应用科学大学和职业学校则提供高素质的专业劳动力。瑞士综合性大学与应用科学型大学合作最成功的领域是工程学,分工一般是综合性大学负责基础研究,应用科学型大学负责研发创新。应用科学型大学还参与应用型技术的研发以及和各类校企合作,与企业签署了数量巨大的合作协议。瑞士的校外研发机构也从事专业领域的科学创新,如果说综合性大学是瑞士基础科研的主要承担者,私营企业则是应用型研究和

试验研发的主体。

提升创新型工程人才培养质量是新时期我国人才战略的核心任务，也是实施科教兴国战略和人才强国战略的重要举措。“他山之石，可以攻玉”，瑞士工程人才培养体系构建的有益经验，尤其是高校、政府与企业间互惠互利的合作形式和导向鲜明的创新机制，可供我国参考和借鉴。其中，依据国情实际和文化氛围设计适合本国需求的特色模式这一路径，也为我国高校持续地深化工程人才培养机制改革，面向工业界、面向世界、面向未来，坚定不移地发展特色道路，建设中国社会主义现代高等工程教育体系提供了佐证。

（宋金宝，中国传媒大学数据科学与智能媒体学院；
王珏，中国传媒大学科学研究处学术平台发展中心）

中国传媒大学国际科研合作情况调查报告

战京娟

摘要:为全面了解中国传媒大学教师开展国际科研合作的现状和需求,以便为广大教师开展国际合作科研提供更加精准的服务,科学研究处组织了关于我校国际科研合作情况的校内调研,调研采用走访学院、调查问卷、相关部门座谈、针对性深度对接等多种形式。本文着重针对其中的调查问卷部分进行整理报告。

关键词:国际科研;调查;研究报告

一、引言

结合我国的国家战略发展趋势,为响应全面落实中办和国办印发的《"十四五"文化发展规划》文件精神,中国传媒大学的国际科研工作也在加速推进。在推进我校国际科研发展的同时,需助力推动国别区域研究中心建设,提升国际研究成果水平,学校的国际科研创新和拓展势在必行。为全面了解我校教师开展国际科研合作的现状和需求,以便为广大教师开展国际科研合作提供更加精准的服务,科学研究处特组织了关于我校国际科研合作情况的校内调研,调研采用了走访学院、调查问卷、相关部门座谈、针对性深度对接等多种形式,本次调研报告着重针对其中的调查问卷部分进行整理报告。

本次调研由科学研究处国际项目与成果科牵头组织,面向的是中国传媒大学全体教职工。2022年4月至5月,我们给学校所属各单位发放了调查问卷,共有25个单位参与了本次调研,共收回140份调查问卷。虽然本次调研存在部分单位提交的问卷数量过少的情况,但是涉及的单位、人员构成、数据数量等都足够形成调研报告。笔者整理调研报告如下(图1)。

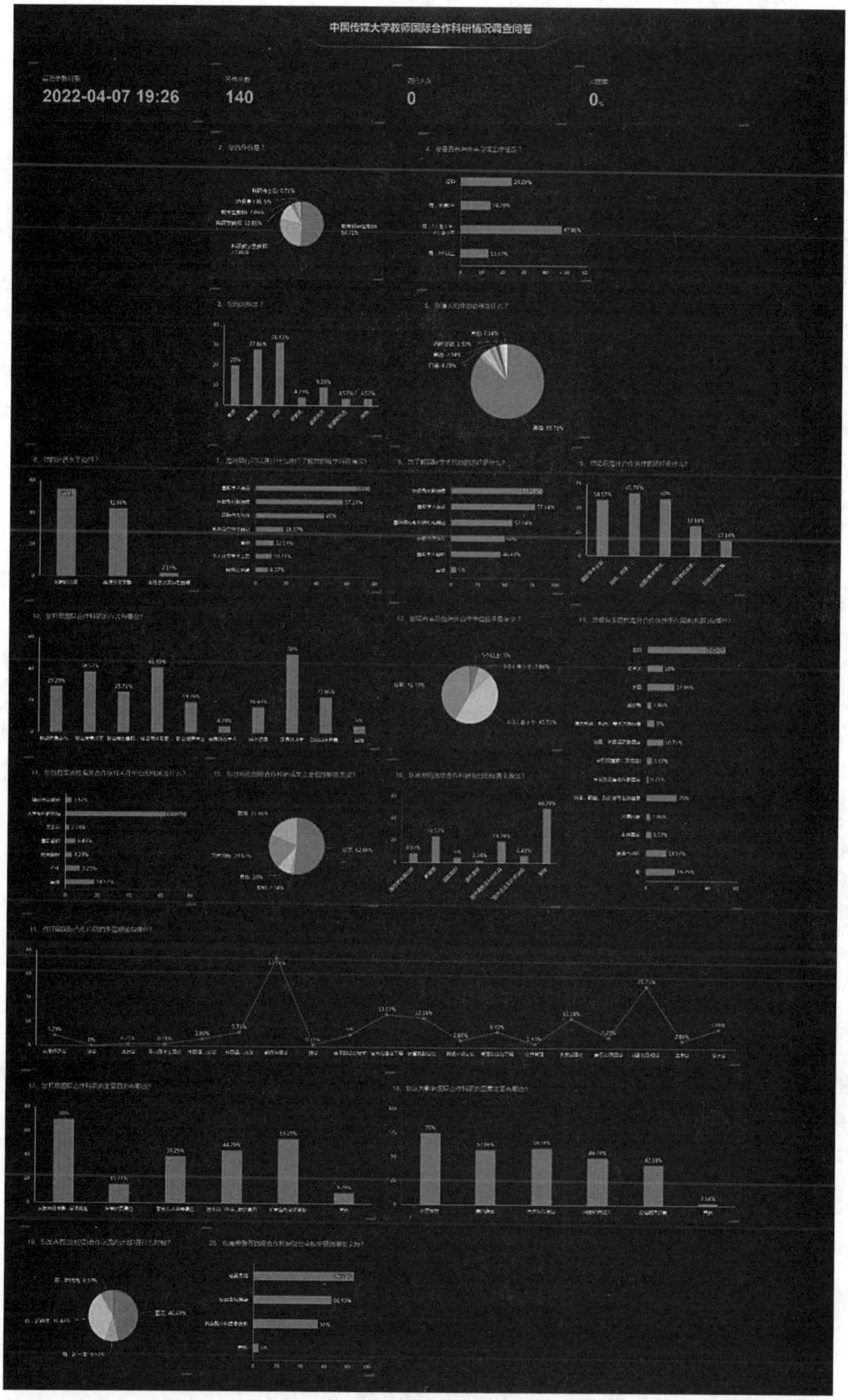

图 1　调研情况报告

二、基础数据统计

（一）调查人员及类型

笔者对参与调查问卷填写的教师身份进行分析，填写问卷最多的是教学科研型教师，约占总问卷填写人数的51%，其次是科研教学型教师，约占总问卷填写人数的28%（图2）。在身份统计中，也有部分师资博士后和科研博士后参与了问卷的填写。参与调研的教师中，教授职称序列的教师人数占比较大，研究员职称序列的教师人数占比较少，所以统计的数据也有相应偏差，但总体而言中高级职称的教师占比较大。

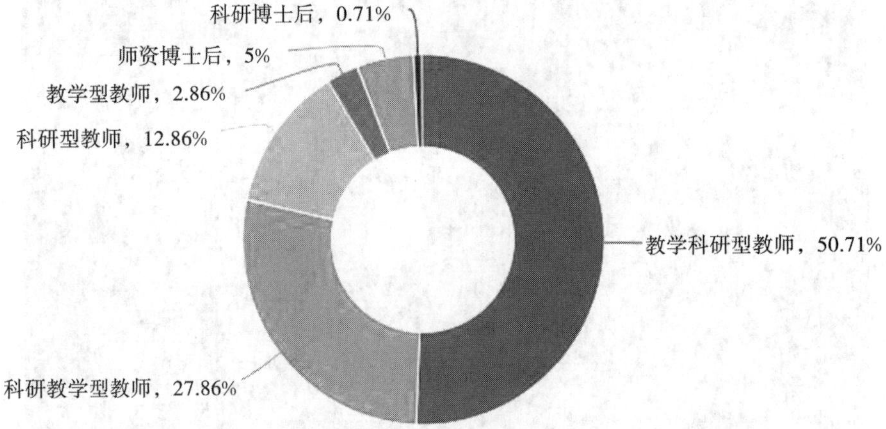

图2　调查人员类型统计

（二）教师资源及优势

在对于教师是否有海外学习或工作经历的调查中，结果显示有将近一半的教师都有1—3年的海外学习工作经历（图3）。在对于教师外国语言能力的了解中，笔者得

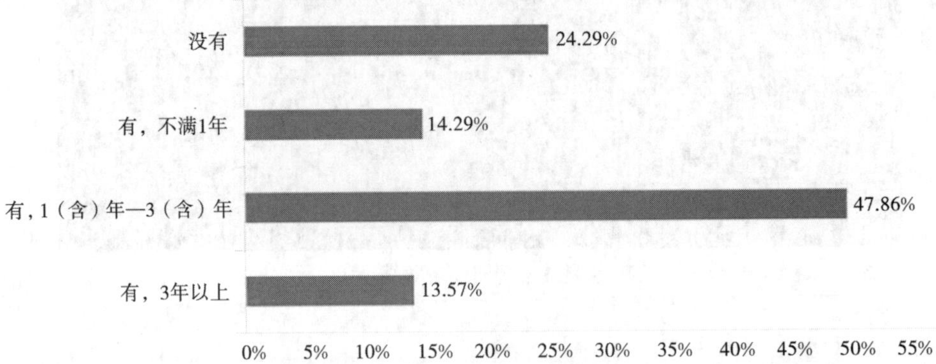

图3　教师海外学习工作经历统计

知教师们擅长的外语以英语为主,占96%的比例。教师基本都能阅读英文文献或浏览英语网站,但用英文授课和交流对于不少人仍有困难(图4)。

选项	小计	比例
可以用外语撰写论文、专著及授课,与海外合作伙伴可以无障碍交流	77	55%
可以阅读外文文献,但用外语授课和学术交流存在困难	60	42.86%
用外语交流存在困难	3	2.14%

图4　教师语言水平统计

(三)国际科研渠道及途径

在海外同行对我校教师科研情况的了解途径和我校教师了解国际学术信息的途径这方面,国际期刊数据库和国际学术会议都占了较大的比重,这两种途径要继续重视。此外,也需要开发其他路径(图5)。

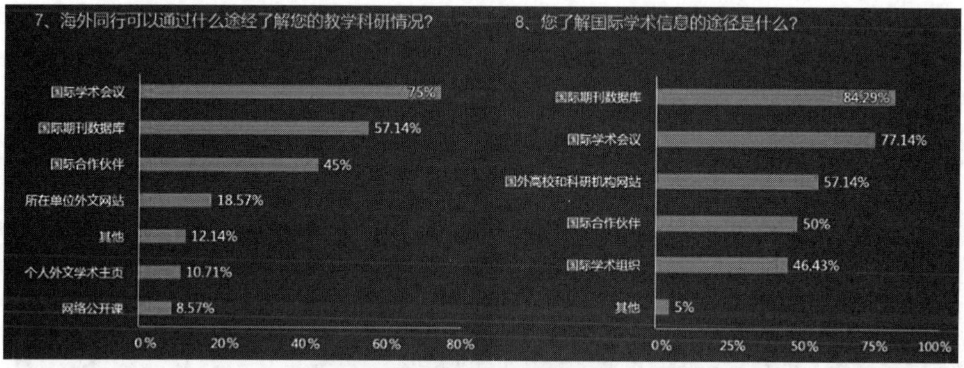

图5　国际科研渠道统计

教师结识海外合作伙伴的途径比较多元,或是通过导师、同学介绍认识,或是出国研修或参与学术会议中结识,或是在项目依托的合作中认识等(图6)。

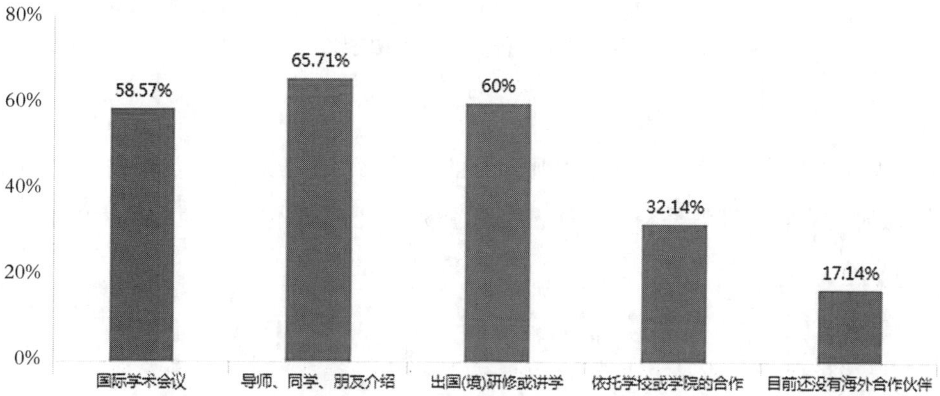

图6　国际科研伙伴结识方式统计

在教师开展国际科研合作的方式这一方面，赴海外访学、聘请海外专家来校访问讲学是目前较多的合作方式；联合发表论文或者联合科研这一合作方式也有不少教师选择（图7）。

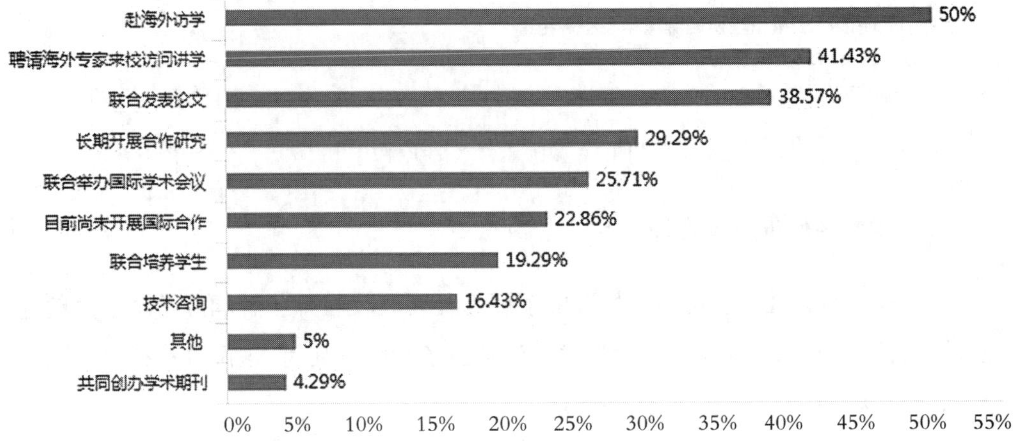

图7 国际科研合作方式统计

在国际科研合作的所属领域这一方面，受各学院提交问卷的教师人数不同的影响，最终的结果会有相应的偏差。从调研结果来看，教师在新闻传播学和戏剧影视学这两个学科领域展开国际科研合作较多（图8）。

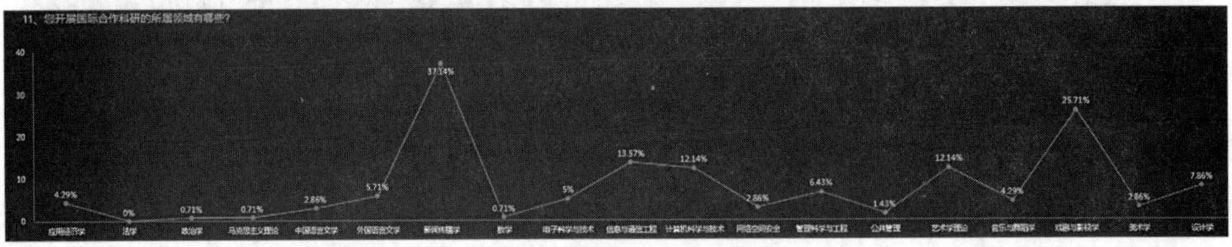

图8 国际科研合作领域统计

在调研结果中，笔者发现我校教师现有的实质性海外合作单位数量在1—3个的居多；教师现有实质性海外合作伙伴50%都在美国，合作单位的性质多是大学和科研机构（图9）。

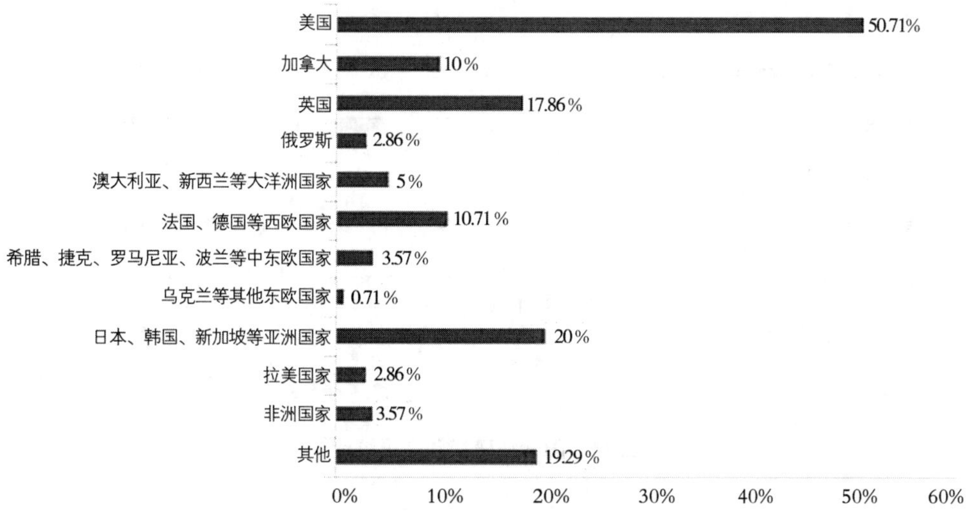

图 9　国际科研合作机构地区统计

(四)国际科研成果形式

目前已有的国际合作科研成果类型也集中在论文上,形式比较有限(图 10)。

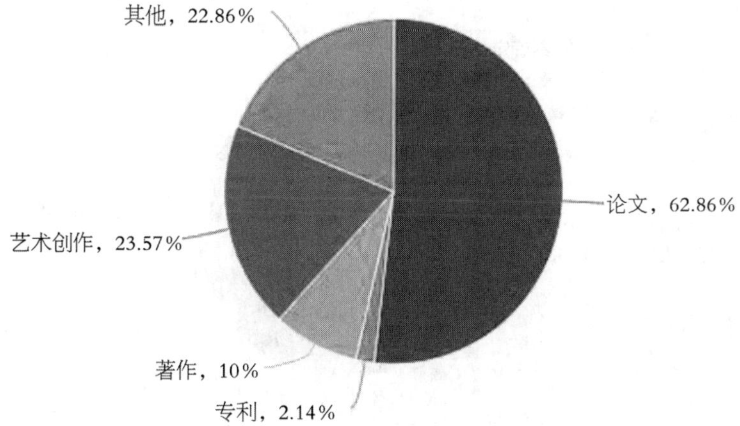

图 10　国际科研成果形式统计

(五)国际科研经费来源

在我校教师承担的国际合作科研项目的经费来源这一方面,因为选项受限或教师对来源分类的不确定,选择“其他”者比较多。除去填写“暂无”者,经统计,经费来自国外高校及科研机构的占比较多,但占比更多的是来自教育部国家社科基金等项目的经费支持(图 11)。

选项	小计	比例
科技部(含国家自然科学基金委员会)	12	8.57%
教育部	33	23.57%
国际组织	7	5%
国外政府	3	2.14%
国外高校及科研机构	27	19.29%
国外企业及外资企业	9	6.43%
其他 [详细]	69	49.29%

图 11　国际科研经费来源统计

三、困难与问题的反馈与建议

通过问卷反馈可知,决定国际科研合作能否顺利开展的因素除了经费以外,主要是合作伙伴资源和信息的获取、国际平台的搭建和国际对话能力。此外,疫情防控对国际科研合作的开展也有一定影响(图 12)。

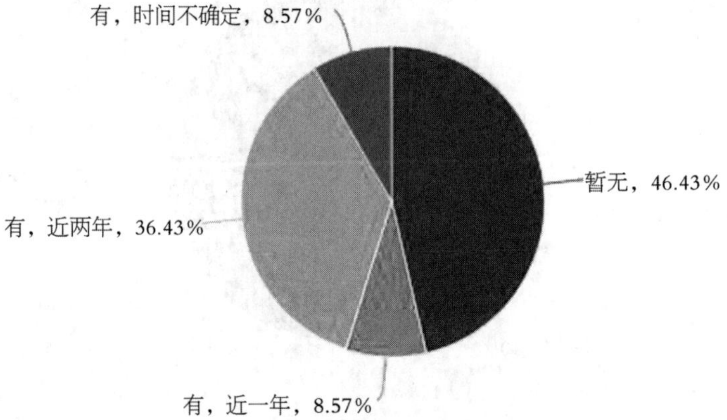

图 12　国际科研时间统计

面对以上问题和困难,我们通过问卷得知,老师们最希望在国际合作科研项目申报中获得经费支持、项目申报指导、机会推介和信息发布以及学校在国际科研政策上的支持。在问卷调查的主观问答部分,我们收到的反馈很多元,老师们提出的意见也都诚恳、宝贵,特整理如下。

(一)对国际传播研究方面的意见和建议

1. 建设国际传播平台,多推介国际科研申报信息、多举办学术活动、适当开展国际学术会议,提供学术论文阅读渠道、英文资料库和图书服务,积极开展中外学者联合研究、加强与全球顶级高校和机构的合作、安排与国内外相关机构的互访和共建、集中优势研究资源共同发力。

2. 结合中国语境开辟新的理论路径、拓宽国际传播研究领域,以语言传播为切入口加强中华文化的海外传播。

3. 扩大学术研究的国际可见性、普遍参与、综合交叉,建立和国际知名高校传播学系或者智库的合作,开展联合研究,比如当地涉华舆情分析、中国对外话语接受度分析等。

4. 加强新媒体传播效果及商业模式研究,吸收十多年来彰显中国主体性的、深度融通中外的代表性学者已发表的研究成果,其所揭示的问题要深刻吸收,不要简单盲目地追风。

(二)对国别与区域研究方面的意见和建议

1. 学校应该以现有专业力量为基础,集中优势力量进行突破,并提供长期的研究支持;立足文化研究,抓住传媒特色,加强对地区思想史的研究;加强人类命运共同体海外研究中心的覆盖面。

2. 希望学校更多面向发展中国家、"一带一路"倡议涉及的国家和地区展开合作和研究,能对非英语研究更重视,对各个国家的语言国情有必要进行系统化研究。比如:对绘画专业,可以通过寻根问祖的方式取得实效,到意大利、俄罗斯、美国、日本等绘画艺术发源地及市场成熟的国家和地区进行访学合作;加强对中东欧国家研究,注重金砖国家交流,充分意识到发展中国家在区域国别研究中的战略地位;建立国别研究特色机制和资料库,定期召开学术会议;组织国别与区域文化短期海外培训项目,建立海外文化交流研究中心和沙龙,定期聘请相关专家进行交流,建议组织学生前往研究实力较强、合作导师学术能力较强的地区进行交流学习。

(三)对高等学校学科创新引智计划("111 计划")方面的意见和建议

大部分老师表示对"111 计划"并不是很了解,希望学校层面可以开展专题介绍会或学术研讨会,使学院和老师对此类项目有进一步认知,从而实现更多资源共享。部分老师提出希望学校能够在项目刚开始时预支一小部分资金,满足专家的日常生活需求,保障项目的顺利进行。

(四)在国际合作科研方面对学校的意见或建议

1. 希望学校可以更多地给予政策与经费支持,加大与国外院校的合作力度,争取为老师们创造更多交流、合作的机会;希望学校鼓励中青年教师进行国际合作,使更多学者可以和外国机构合作;希望提供专项资金支持普通老师申办国际会议。

2. 学校平台建设的公开性不足,签的协议比较多,但深层次、实质性合作比较少,普惠性比较弱。对实质性的国际合作,学校要提供必要的便利,增强校内各部门在国际合作方面的协调性。

3. 学校应不拘一格,百花齐放,各种合作形式齐用,不要只看项目贡献度,国际合作对提高学校在国内外的声誉至关重要;希望学校对盲审模式的国际发表予以认可,在国际知名平台上发表论文应给予绩效和科研分值的认可。

4. 扩大与发展中国家的合作,它们为中国方案的国际传播提供了机会,发展中国主体性的学术非常迫切。

四、结论

本次调查得到了一些数据,取得了一些成果。在了解校内老师们国际科研开展情况和实际开展国际科研的困难这方面,我们得到的数据具有一定的有效性、广泛性和针对性,但确实存在问卷数量不够多、数据不够充足的问题。每个部门、每一位老师的国际科研开展情况也都是不同的。整体上看,我校的国际科研还处于相对分散、缺乏组织的形态中,大多是“个体”凭兴趣自由研究;有资源却无法开展科研的情况也实际存在,缺乏相应的激励;国际交流形式也大多限于个人国际游学的方式。

科研国际化作为高校国际化建设的重要手段之一,是提升高校国际地位的战略导向。我校的国际科研需要服务国际传播大布局,建强服务国家战略,助力搭建中外交流平台、国别和区域研究平台。此外,还需要进一步整合校内研究资源,鼓励国际科研的开展,培育国际科研项目和国际科研团队,同时也需要创新国际成果形式。我们的科研管理也需要改革和强化,本次的调查问卷形式是校内调研的一种方式,而校内外调研也是科学研究处开展国际科研拓展计划的方式之一。除了需要尽量全面地掌握我校的国际科研开展情况,科学研究处还需要进一步完善科研管理激励机制,做好连接内外的桥梁,成为助力平台,全力打通学校国际科研的大局之路。

(战京娟,中国传媒大学科学研究处)

国内外知名电子游戏奖项影响力研究

王 烨

摘要:电子游戏创作者在全球范围内具备一定的群体影响力,能够极大地推动全球艺术与科技融合发展,国际上有很多影响力较大的电子游戏奖项,这些奖项鼓励了全球电子游戏创作者的创作热情持续增长。电子游戏行业的规模发展得越来越庞大,作为具有绝对优势的美国、日本,在电子游戏市场占据了相当大的份额。国际范围内也不断举办活动、论坛和比赛来鼓励和资助对电子游戏创作充满热情的创作者们。本研究重点围绕国内外知名电子游戏奖项的影响力而展开。

关键词:国内外;电子游戏奖项;影响力

一、游戏大奖(The Game Awards)

(一)基本介绍

游戏大奖(The Game Awards,简称 TGA)是一年一度的颁奖典礼,旨在表彰视频游戏行业的杰出作品,被《纽约时报》誉为“游戏界的奥斯卡”。

(二)TGA 的影响力

1. 从 2016 年开始,TGA 和腾讯达成协议,在中国直播该奖项仪式。2017 年,eBay 与 TGA 合作,为即将获得年度最佳游戏的作品进行造势,从显卡到游戏机都推出独家优惠活动。

2. 2018 年 9 月,TGA 和 Facebook Gaming 发起利用游戏的力量建立社区的活动,以鼓励来自世界各地的游戏玩家、游戏开发者,讲述游戏给人带来积极改变的独特故事。

3. 2018 年,TGA 在线直播盛典活动覆盖了包括中国网络在内的 45 个全球视频网络。

4. TGA 于 2018 年 12 月 6 日在微软剧院现场直播,在包括观众投票、社交参与和共同流媒体在内的所有指标上都实现了显著增长。该节目成为 Twitch 当年最大的直播节目之一,在 Twitch 上观看该节目的人数超过 113 万,几乎是 2017 年 Twitch 上该节目收视率的两倍。总体而言,该节目的观众峰值已超过 400 万,其中 YouTube 上该节目的观众数量是 2017 年的两倍多。2018 年游戏大奖的实时观看次数超过 2960 万(据《华盛顿邮报》2019 年 12 月 11 日的主题为 *The Game Awards:How Geoff Keighley helped create The Oscars for gaming* 的报道,当年美国奥斯卡颁奖典礼的观看人数为 2960 万)。

5. 2020 年的节目以超过 8300 万次观看量创下了新的全球纪录,比 2019 年的 4520 万次增加了 84%以上。TGA 热度的增长涵盖所有主要视频、社交和参与度指标,包括全球超过 830 万的观众。凭借全数字化的全球发行方式,TGA 在全球 40 多个流媒体网络上直播。在中国,TGA 在虎牙、哔哩哔哩和抖音等平台上的收视率显著增长。在 Twitter 上,TGA 话题量同比增长 31%,独立作者增长 65%,成为当年最受关注的游戏奖。此外,由于推出了定制的品牌输出渠道,TGA 在 Twitter 上的关注度同比增长了 107%。在官网上,粉丝投票增加了一倍多,在整个网站和中国的 B 站上共有 1830 万张经过验证的投票。总的来说,所有平台的粉丝投票同比增长超过 20%。

6. 2021 年,TGA 的收视率和参与度亮点包括在 Twitter 上发布了创纪录的 160 万条关于该活动的推文,这是自 2014 年以来最好的表现。该节目连续 8 年在全球范围内排名第一,在话题热度高峰期占据了全球 30 个大流量地区中的 11 个。在 YouTube 上,TGA 的官方直播创下了观看时长的新纪录,观看量超过 175 万小时(不包括任何合作直播),比 2020 年的直播增加了 14%。在 Twitch 上,TGA 在所有参与频道(包括共同流媒体)中吸引了 335 万独立观众。在中国,TGA 在 B 站、斗鱼、虎牙、腾讯视频等平台的收视率达到两位数的增长。TGA 在官网和 B 站的认证粉丝投票同比增长 27%,超过 2320 万。

二、DICE 奖(DICE Awards)

(一)基本介绍

DICE 奖[DICE Awards,前身为互动成就奖(Interactive Achievement Awards)]是一

项始于 1998 年的电子游戏行业奖项。该奖项由互动艺术与科学学院(AIAS)设立,并在 AIAS 举办的拉斯维加斯年度 DICE 峰会期间举行。

(二)DICE 奖影响力

1. AIAS 除了举办年度颁奖典礼以提高人们对互动艺术形式的认识外,还举办著名的 DICE 峰会,汇集了来自世界各地的顶级视频游戏设计师和开发商以及来自所有主要发行商的商业领袖,讨论行业趋势和未来形势;创办 Game Maker's Sketchbook,对电子游戏艺术进行探索和庆祝;创办 Game Maker's Notebook 播客,其中包含游戏制作者之间的一系列深入的一对一对话。

2. DICE 奖的互联网推广并没有 TGA 做得好,线上观看人数在 YouTube 平台到目前为止还没有突破 10 万观众。但是其影响力在全球范围内还是比较大的,AIAS 每年举办峰会,颁奖只是峰会中的一个环节。峰会每年都会有大量的赞助商进行赞助,2022 年的峰会赞助商达到 40 位,包括 Unreal Engine 5、任天堂、PlayStation、XBOX、腾讯游戏等知名公司。

三、游戏开发者大会(Game Developers Conference)

(一)基本介绍

游戏开发者大会(Game Developers Conference,简称 GDC),是视频游戏开发者的年度会议。

(二)GDC 影响力

1. GDC 是面向游戏开发者的一个展会,如今已经有 20 多年的历史,对于很多游戏开发者来说,在 GDC 上能见到不少偶像级的游戏制作人。基于 GDC 自身的影响力,众多互联网公司、软硬件公司、游戏公司都是 GDC 的自身合作对象。例如:AWS、Unity、Meta、Intel、Microsoft 等。

2. GDC 2019 的出席人数创下了 2.9 万人的历史纪录。2022 年游戏开发者大会在 3 月下旬圆满结束,取得了巨大的成功,有 1.2 万人现场出席,另有 5000 人以虚拟方式参加。

3. 2022 年的 GDC 大会是过去两年来旧金山最大的会议。“GDC 2022”在 600 多场讲座、研讨会、圆桌讨论和社交活动中邀请了1000多位演讲者，让游戏开发者社区重新焕发了活力。

四、美国独立游戏节（Independent Games Festival）

（一）基本介绍

美国独立游戏节（Independent Games Festival，简称IGF）由《游戏开发者杂志》和游戏开发者大会（GDC）联合主办，首届美国独立游戏节于1998年举行。

（二）IGF影响力

1. 美国独立游戏节可以称作游戏界的“圣丹斯电影节”。作为发掘和鼓励小制作游戏的重要场所，美国独立游戏节一直受到全球游戏界的关注。

2. 美国独立游戏节基于自身的影响力，众多游戏公司、硬件公司、软件公司等，都乐于与独立游戏节合作，知名合作商如：XBOX、Intel、Mudstack、Gamera Game、ironSource。

3. 美国独立游戏节举办以来，各种职业的人在这里获得大奖，也有很多独立游戏制作者浮现在玩家面前，而且游戏节为他们争取到了大量的玩家来玩他们的游戏。

五、金摇杆奖（Golden Joystick Awards）

（一）基本介绍

金摇杆奖（Golden Joystick Awards）是1983年创立的电子游戏奖项，前身是人民游戏奖（People's Gaming Awards），至2022年已举办了39年。

（二）金摇杆奖影响力

1. 凭借着玩家数量与鉴赏能力的双重保证，金摇杆奖的结果具有很高的真实性和权威性。而历年来的评选结果更是让它含金量稳步提升。

2. 基于金摇杆奖的发展历史（从杂志时代到网络时代），与金摇杆奖建立合作关系的公司、平台、媒体、组织不计其数。金摇杆奖的存在时间比许多知名公司的时间还要长。这既证明了金摇杆奖深厚的影响力，同时又强调了其显赫的行业地位。

3. 金摇杆奖是选票数量最多的游戏奖项，2014 年曾创下超过 900 万张选票的惊人纪录。

六、国际移动游戏大奖(International Mobile Gaming Awards)

（一）基本介绍

国际移动游戏大奖(International Mobile Gaming Awards，简称 IMGA)，被誉为移动游戏界的奥斯卡奖。

（二）IMGA 影响力

1. IMGA 大赛如今已经发展到全球平均每年有超过 600 个工作室提交游戏参与赛事。参赛的游戏团队来自世界各个国家，南美、亚洲、中东与非洲地区的参赛人数均呈上升趋势。如今的 IMGA 已经可以接触到许多国家的游戏开发商，更吸引到了全球成千上万的移动游戏参加评选，开发者包括独立开发者、研究人员、艺术家、博士研究生和全球排名前 10 的移动游戏发行商与开发商。历届国外赞助商包括 Supercell、Tencent、King、ARM 等业内知名企业。

2. 2016 年，IMGA 开拓了赛区，除了本部的 IMGA Global 以外，还开设了 IMGA SEA(东南亚)、IMGA MENA(中东和北非)和 IMGA 中国的分赛区。国际移动游戏大奖宣布与芬兰的赫尔辛基市达成三年的标志性赞助协议。

七、日本游戏大赏

（一）基本介绍

日本游戏大赏(日语：日本ゲーム大賞，简称 JGA)是由日本计算机娱乐供应商协会(CESA)于 1996 年创立的电子游戏奖项。

（二）JGA 影响力

1. JGA 颁奖典礼在东京电玩展(TGS)期间举办，东京电玩展始办于 1996 年，是规模仅次于美国 E3 游戏展的全球第二大游戏展会，已经发展成为亚洲最大的游戏展览会。东京电玩展的内容以各类游戏机及其娱乐软体、电脑游戏以及游戏周边产品为主。所以,东京电玩展的规模和影响力可以直接影响到 JGA。

2. 东京电玩展主办方与参展公司通过 YouTube、Twitter、Niconico 直播、Twitch、Facebook、抖音、斗鱼、bilibili 等国内外知名视频平台,面向全球各地进行同步播放。

3. 2018 年的东京电玩展总参展人数达到了 298690 人(共 4 天),成功创造了该展会历届参展人数的最高纪录。2021 年,考虑到新冠疫情的影响,为了能让普通观众也有机会参观并体验线下的试玩展示区域,东京电玩展与 HIS 公司合作,提供在线模拟观展体验之旅服务(付费参加)。该展会通过在线形式为普通观众实时呈现各展商的展位,实现试玩展区模拟参观的同时还能与游戏厂商、设计师等在线互动交流。"2021 Online"在线上开展,官方直播节目的总观看人次达到 3947 万次,比 2020 年高出了约 25%。2021 年的线上展会共有 351 家企业/团体参展,一共播出了 46 个节目。其中,36 个节目来自参展厂商,另外 10 个节目则来自主办单位。同时,主办方还新增了演讲、圆桌讨论、采访等环节,带动了很多业内话题。线上平台除了在 Amazon 特设展区销售游戏相关商品及官方周边之外,还推出首个 VR 展区,举办了一系列全新的企划活动。此外,官方还安排了线上体验导航,由热爱游戏的知名艺人对展览馆的活动现场进行讲解,来提升观众的临场感。直播方面,除了在 YouTube 频道与 Twitter,Niconico 直播和 Steam 的官方专区播出之外,还与我国的 B 站、抖音、西瓜视频、今日头条、虎牙、斗鱼等国内直播平台,以及欧美大型游戏媒体 IGN 合作直播。

八、Steam 大奖(The Steam Awards)

(一)基本介绍

Steam 大奖(The Steam Awards)是游戏平台 Steam 于 2016 年创立的游戏大奖评选活动,每年获奖游戏均由 Steam 用户投票选出。

(二)Steam 大奖影响力

1. 该奖的奖项设置不同于传统游戏大奖的奖项设置,其设置角度独特、别出心裁,在深刻、内涵的基础上,又融合了搞笑、无厘头精神。Steam 大奖虽然设立时间比较晚,但搭配上 Steam 庞大的用户基数,还是让这个奖项有了较大的影响力。

2. Steam 大奖是一个标准的民选投票,获选的票数与游戏的销量有着直接的联系。无论是对于 Steam 平台、开发者还是消费者与粉丝,Steam 大奖的奖项设置都是一个双赢的结果,对于业内各大游戏厂商都有着极大的影响力和吸引力。

3. 自 2020 年开始，随着线下游戏展的取消和缩水，Steam 承接了很大一部分试玩 Demo 的分发以及独立游戏的孵化任务。线上游戏节成为 Steam 的常态，几乎每个季度都会举办相应的促销和游戏展览。参与游戏节和评选都会得到相应的纪念卡片，最终就换算成账号的等级。Steam 等级解锁后，玩家个人页面的装饰品会有变化，也可以提供好友位置的上限，甚至提升在虚拟交易中的信用分，Steam 平台在成为最好玩的游戏社区的发展上优于其他任何竞争对手，这得益于 Steam 平台对于作品、作者、玩家、评奖以及销量的强捆绑。

九、中国独立游戏联盟(China indie Game Alliance)

(一)基本介绍

中国独立游戏联盟(China indie Game Alliance，简称 CiGA)成立于 2015 年，目前为中国最大的独立游戏联盟组织，在全年范围内运营着各项在中国影响力最高的独立游戏相关活动。中国独立游戏大赛(indiePlay)由 CiGA 主办，自 2015 年开始至今已举办 8 届，是行业内最权威的独立游戏大赛。活动每年发现并呈现更多真正优质的游戏和游戏人的活动，大赛面向的产品平台覆盖 PC、主机、移动等。

(二)indiePlay 影响力

2015 年征集到近 100 款独立游戏，其中部分来自美国和日本的华人开发群体或开发者。2017 年共收到了 235 款参赛作品，游戏平台覆盖 PC、主机、移动和 VR，品类非常丰富。2018 年共收到 219 款参赛作品。2019 年共收到 218 款参赛作品。2020 年共有 307 款作品进行报名，报名的数量有了很大提升，而质量也都有普遍的提升。2021 年最终有 311 款游戏报名，报名作品的数量与质量又有了进一步的提高。

十、腾讯游戏学堂

(一)基本介绍

腾讯游戏学堂成立于 2016 年 12 月，是腾讯游戏设立的致力于打造游戏知识分享和行业交流的平台。

(二)腾讯游戏学堂影响力

2021腾讯高校游戏创意制作大赛中加入全新支线赛事,全球超过800万名开发者使用3D游戏创作工具——罗布乐思(Roblox)。2022年,腾讯游戏学堂联合北京大学历史系,面向高校青年发起非遗文化主题游戏创作大赛。大赛旨在鼓励年轻人用创新手段传播非遗文化,弘扬中华民族灿烂文明,促进非遗在游戏领域的数字化开发。北京大学历史系为本次大赛的学术支持单位,作为中国顶级的历史研究单位之一,为大赛提供非遗选题和开发指导,并参与最终作品评选。北大历史系与参赛选手一起,传承优秀文化,讲好中国故事。

十一、虚幻引擎游戏创作大赛

(一)基本介绍

虚幻引擎游戏创作大赛从2021年9月创办,目前已举办两届,颁奖典礼于每年的11—12月举行。该大赛是2021中国(北京)国际大学生动画节的环节之一。

(二)虚幻引擎游戏创作大赛影响力

1. 第一届大赛共有141个团队报名参赛,总参与人数355人。第二届大赛共有105个团队报名参赛,总参与人数为330人。

2. 受新冠疫情的影响,2021年的颁奖典礼采取线上与线下结合的方式进行,并通过动画与数字艺术学院虚拟现实实验室进行实时导播。因疫情未能到场参加的小组,通过视频连线的方式参与颁奖典礼。线上主要通过bilibili与Anima微信视频号进行同步直播,近7000位观众参与观看。

十二、TapTap游戏

(一)基本介绍

TapTap是易玩(上海)网络科技有限公司开发的游戏社区,也是一个手游推荐平台,一个聚集了千万游戏玩家的社区。

（二）TapTap 年度游戏大赏影响力

1. 截至 2021 年，TapTap 中国版的平均月活跃用户为 3160 万人，国际版平均月活跃用户为 1220 万人。

2. 为保证 TapTap 年度游戏大赏的权威性，大赏评委每年都会扩充。其中包括玩家熟知的游戏主播、信赖的游戏媒体以及知名游戏的制作人，评委们将会通过专业的视角选出自己心目中最契合奖项标准的游戏。

3. 2020 TapTap 年度游戏大赏颁奖邀请著名脱口秀演员李诞来作为开麦演讲人。

十三、UCG 游戏大赏

（一）基本介绍

UCG 游戏大赏在每年年初举办活动。

（二）UCG 游戏大赏影响力

1. 2007 年评选总人数突破 10 万人，其中信函选票 5 万多人，网络投票近 5 万人，堪称是属于中国玩家自己的一次盛会。

2. 2008 年提名的游戏总数达到 95 款（每个机种最多投 3 票），最终参与玩家评选的总人数达到 11 万，而且网络和信函选票的比例出现了明显的倾斜，网络投票 9 万人，平信投票 2 万人。

3. 截至该报告调研期间，UCG 的 B 站官方账号有 41.6 万粉丝。官方微博账号有 131.6 万粉丝。

总结：国内外电子游戏奖项对比分析

对比所列举的国内外所有知名电子游戏奖项的影响力后发现，中国的电子游戏发展以及奖项在全球影响力还相对不足，官方网站的内容信息更新不及时，关键信息发布得不到位，浏览体验感较差。而国际上电子游戏奖项的官方网站内容比较丰富和完整，这是笔者在进行调研时最直观的感受。其他存在的差异体现在以下几方面：

1. 国际知名电子游戏奖项成立时间普遍较早，大都在 20 年以上，这与国外对电子游戏发展的支持态度和游戏产业的结构、规模有关，虽然 TGA 和 The Steam Awards 成立不到10年,但是这两个奖项的影响力在世界的排名均靠前,而老牌的电子游戏奖项凭借深厚的历史经验积累,都表现出了非常大的影响力。国际上的奖项非常注重强强联合,凭借实力雄厚的游戏公司和有影响力的人物来为自己提升知名度,比如会邀请微软、谷歌、任天堂、动视、育碧等公司作为金牌赞助商或邀请这些公司中的专业人士作为评委。同时也会联合知名互联网平台进行话题热度的打造,比如Facebook、Twitter、bilibili等。各奖项也会拓展其他海外平台,在欧洲、亚洲,特别是在中国,设立特定的大奖活动,集合全球粉丝和玩家的力量,如GDC Europe、GDC China。而TGA也在2016年专门为中国玩家设了一个"粉丝选择奖",入围的五款游戏分别是《英雄联盟》《阴阳师》《梦幻西游》《王者荣耀》和《球球大作战》。

2. 一方面,中国对电子游戏的发展定位和政策管理都比较严格,另一方面,国内电子游戏市场发展比较晚。20世纪80年代,随着家用游戏机的发展,日本和美国等发达国家已经在发展电子游戏产业了,尤其是日本任天堂生产的游戏机,在1989年已占领美国90%和日本95%的市场,任天堂成为游戏界巨无霸。20世纪80年代至90年代,中国互联网刚起步,国内的游戏制作公司并不多,游戏制作在当时是进入门槛很高的行业,20世纪90年代之后,我国逐渐出现了游戏制作公司,PC机大规模进入中国市场是在2000年之后,计算机首先兴起于一线城市。在调研过程中,笔者了解到我国有两个电子游戏奖项成立时间较早,但是也在前几年停办了。

3. 目前,国内活跃度较高的电子游戏奖项在设置上基本遵循国际奖项的模式,而且为了能够建立一定的影响力,参赛奖项不分国际、国内赛道。正因为如此,导致大量国外优秀的电子游戏作品占据了国内各大奖项,而国内的电子游戏作品在制作和发展上存在一定的弱势,所以竞争力比不上国外作品。不过,近几年国内电子游戏发展势头迅猛,也出现了一大批高质量的优秀作品。同时,国内的作品从前些年的网游开始逐渐向3A大作、独立游戏、高品质手游、中国特色文化内涵的游戏等多方面发展。在国内举办的游戏奖项方面,如腾讯游戏、CiGA等具备了一定的影响力,它们鼓励国内游戏制作公司或工作室开发制作游戏作品,也鼓励高校学生勇于开发制作优秀的作品,以推动国内电子游戏人才和优秀作品的不断呈现,但是这些活动普遍时间较短,还需要不断发展和创造。

4. 在游戏人才培养方面,国外有非常多的知名院校开设游戏设计专业,如美国的卡内基梅隆大学、南加州大学、纽约大学、迪吉彭理工学院、犹他大学等,这些高等院校凭借优秀的师资与实力雄厚的游戏公司联合,作为培养游戏设计人才的基础条件。这些院校开设游戏美术设计、游戏程序设计等课程,同时也开设有关历史、哲学、人文与艺术等课程,培养具有批判性思维的游戏人才,他们可以制作独立游戏,也能够进行团队合作，综合能力较强。我国近些年才开始在高等教育院校开设游戏设计相关的专业，如中国传媒大学动画与数字艺术学院（简称动画学院）游戏设计系，这是目前国内在游戏设计专业设置、培养方向、课程教学体系最完善的院系，动画学院游戏设计系近几年也在不断与业界实力雄厚的游戏公司进行校企联合的人才培养策略，如和腾讯、完美世界、吉比特、灵游坊等企业的联合。近几年，动画学院培养的游戏专业学生作品在各个比赛中获奖的频率越来越高，奖项的级别也非常高，有一等奖、银奖、年度大奖和最佳单项奖。

近几年，国内对于游戏艺术的研究也重视起来，政府相关部门、协会、高校相关科研单位、游戏公司等开始进行联合。2021 年，在北京市委宣传部的指导下，作为北京游戏产业“一都五中心”布局的重要环节，中国人民大学、北京师范大学、中国艺术研究院和中国传媒大学四所高校共同发起并成立了北京游戏理论研究中心。该中心鼓励高校、科研机构加强游戏行业理论研究，从而构建科学严谨的理论体系，引导游戏产业践行社会主义核心价值观，提升游戏产品文化内涵；聚焦社会反应强烈的行业突出问题，为管理部门提供决策咨询意见和智力支持，为行业健康发展提供理论支撑和解决方案。首批申报立项的课题聚焦防止未成年人沉迷、精品游戏研发、游戏化社会化应用等游戏产业发展的行业热点，同时立足北京市的特殊地位，专题研究游戏在推动全国文化中心建设、“两区”建设、国际科创中心建设、全球数字标杆城市建设、国际消费中心城市建设工作中发挥重要作用。

腾讯游戏学堂一直坚持每年举办游戏开发者大会，与各个高校进行联合，通过论坛、圆桌研讨会、行业交流会等形式，为国内外游戏专业人士打造一个开放的交流与分享平台，不仅推动电子游戏创作的发展，还不断挖掘游戏社会价值，助力功能性游戏的发展。腾讯将游戏开发者大会与独立游戏创作大赛、高校游戏创意制作大赛联动，一起助力国内行业与高校游戏创作的不断前进。

独立游戏作为电子游戏中非常重要的组成部分，不仅体现了创作者对艺术的审美和把控能力，也能够体现出创造性的游戏开发能力。综观全球各大游戏奖项的设置，就能看出独立游戏奖项占了一定比重，而且类型多样，深受广大游戏爱好者的喜爱。独立游戏能够完全体现出创作者的能力，也是丰富电子游戏类型的基础。国内目前制作独立游戏的从业者和学生越来越多，参加国际国内各大比赛的频率和获奖率也逐渐增高，这说明我国在高校专业教育和行业引导方面的进步。

世界范围内还存在很多电子游戏大赛活动，它们不以比赛为重点，而是将主要精力放在提供开放交流平台或者游戏产品推新、发布上，如科隆游戏展（gamescom）等。也存在一些地区性的影响力没有达到一定级别的电子游戏奖项，如英国电影学院奖

(BAFTA)、巴西游戏展、ChinaJoy 等。对这些奖项,本文并没有进行详尽调研,留待后续进一步研究。

最后,我国通过政府、高校、企业共同努力,在电子游戏的引导和相关人才的培养方面会越来越成熟完善,也希望游戏大赛的奖项设置能够体现出具有中国特色的类型,如红色题材、历史题材、国风题材、具有时代影响力题材、现实题材、功能性题材等。在游戏人才培养方面,高校可以调动各方资源,将国内电子游戏奖项的影响力持续提升。

(王烨,中国传媒大学动画与数字艺术学院)

参考文献

游戏奖. Geoff Keighley 如何帮助创建游戏界奥斯卡奖[EB/OL]. (2019-12-11)[2023-07-19]. https://www.washingtonpost.com/video-games/2019/12/11/game-awards-how-geoff-keighley-helped-create-oscars-gaming/.

游戏陀螺. 2021TapTap 年度游戏大赏邀你见证“好游戏”[EB/OL]. (2021-12-24)[2023-07-19]. http://news.sohu.com/a/511141859_204728.

国际科研管理制度建设第一阶段研究概述

刘 荣

摘要：科研管理制度是一个国家科研活动有效开展的基础，良好的科研管理制度不仅能够使科研规范有序，沿着真正增进人类福祉的方向发展，并且能够促进科研人员创造力的培养和发挥，为创新提供良好的土壤和环境。随着我国经济快速发展，科研活动数量急剧增长，高校教师不断开展国际科研，科研管理制度也需要与时俱进。如此，一方面为有效应对国内科研发展过程中的规范和创新问题；另一方面，与国际科研管理接轨，为中国科研人员参与国际科研合作奠定制度基础。本研究着眼于主要发达国家的科研管理制度，希望为中国科研管理制度优化和完善提供参照。此部分研究主要聚焦管理制度框架、科研诚信、科研伦理，以及科研管理数字化趋势。

关键词：国际科研管理制度；科研诚信；科研伦理

科研管理制度是科研活动规范有序开展的基础，是一个国家科研管理水平的集中体现，也是影响国家整体科研实力的重要因素。在全球化进程中，科研创新成为世界经济社会持续发展的重要动力，国家间科研合作的需求与日俱增。随着中国经济转型升级的需要愈加紧迫，中国科研必须越来越多地参与国际科研合作，融入国际科研大环境。在这一进程中，科研管理制度上与国际接轨变得越发重要和迫切。完善的与国际接轨的科研管理制度不仅能促进中国整体科研活动的规范性、提升科研水平、促进和激励科研创新、提升科研投入产出效益，也将为中国科研人员开展更广泛的国际科研合作提供基础性制度支持与保障。

科研管理制度是与科研活动相关的一整套规则、机制和流程，制度建设是一个在实践中长期积累、不断优化的过程。比较而言，西方发达国家在现代科研领域发展的历史更长、积累的科研管理经验更丰富、管理制度更为成熟，为其他国家提供了一定的制度范本可供交流借鉴。本研究主要聚焦于目前全球科研水平相对领先、国际合作数量与质量排名靠前的国家,了解其科研管理制度的主要内容与新进展,这些国家包括美国、英国、德国、加拿大、澳大利亚、荷兰、日本等。同时,本文也关注亚洲一些国际科研合作活跃的一流高校的科研管理情况,以期为我国的科研管理制度优化提供参照。

研究第一阶段就科研管理制度框架做了初步的梳理,通过文献研究的方式,笔者对西方国家科研管理制度主要涵盖的内容体系进行初步整理,根据现有文献对其中的部分主体内容如科研诚信、科研伦理、科研管理、科研数字化等方面做了初步的研究。以下对本阶段主要研究内容做介绍。

一、科研管理制度包括的内容

一套完整的科研管理制度体系都应该涵盖哪些内容?不仅涉及科研活动开展过程中的项目立项、过程管理、结项评审,还应当包括科研活动开展前的科研方法培养、科研诚信教育、科研伦理规约、科研活动中涉及的知识产权与专利管理、科研成果转化政策等,这些应该贯穿科研活动的整个生命周期。中外科研实践的历史表明,相比于项目管理,其他诸多方面的重要性并不低。如果把科研活动比作一场真实的比赛,那么科研方法培养、科研诚信教育、科研伦理规约、知识产权与专利管理则是比赛前的基本功与规则的训练。通过研究可以看出,西方发达国家科研管理制度对以上几方面都给予了充分重视,并且在实践中不断评估和改进,形成了一整套相互配合、彼此衔接、行之有效的制度体系。除此之外,近年的科研管理制度呈现出对科研战略、科研的社会效益、科研国际合作质量的重视,也呈现出科研管理数字化的趋势。

二、科研诚信:重要性及制度体系建设

科研诚信是科技创新的基石,科学研究本身是发现真理的过程,没有科研诚信,创新无从实现。随着社会经济发展,参与科研活动的人员数量上不断增长,科研活动常常和个人利益及晋升有更多关联,个人参与科研活动的动机更加复杂多元,科研不端现象在世界范围内急剧增多。因此,各国应该不断加强对科研诚信问题的重视,努力建立相应制度来加以规范。

本阶段研究主要针对欧美国家科研诚信制度体系,其中又以美国的科研诚信制度为主,试图在对这些国家的相关制度有整体了解的基础上进行深入研究。经过多年的实践积累,美国建立了较为完善的科研诚信制度体系,出台了不同层面的管理规定,指导各级政府部门、大学、研究机构和学会团体制定相应的制度规范,在不同层面形成合

力,构建了完善的科研诚信体系。第一,美国从国家层面出台科研不端行为的联邦政策,为各层级的制度建设制定了统一的规范和指南,具有广泛的适应性。第二,美国建立了完善的科研诚信组织体系,分工明确。科研诚信办公室是负责各级机构科研诚信的主要组织,负责政策制定、组织科研诚信培训、公开科研成果。第三,美国建有一整套严格针对科研不端行为的调查和程序处理制度,每一个层级有对应制度,并负有按制度调查处理本机构科研不端行为的职责。第四,美国建立了完善的科研诚信教育培训体系,将课程设置融入专业教育中,课程丰富、形式多样,包含研讨班、讨论会、系列论坛和讲座、报告等,通过多渠道、多样化的教育培训,潜移默化地促进科研人员建立科研诚信自律。第五,美国建立了严格的科研监督管理机制。科研诚信办公室对科研项目设立严格的监督机制,要求科研人员的研究行为对公众和政府负责,对公众询问要做出及时反应,对项目评审和立项采取同行评审,同时建立完善的评议回避和披露制度。

科研诚信是从事科学研究最基本的原则操守,美国和欧盟国家均已建立起成熟完善的科研诚信制度体系。在科研诚信教育培训方面,欧美大学在内部建立起从本科生到研究生的系统的科研诚信教育培训体系,为科研人员建立严谨求实的科研态度、扎实的科研能力奠定了基础。同时,欧美国家的科研诚信问题从调查处理到监管,再到公开,形成了一整套环环相扣、彼此衔接的制度体系,这些已经成为惯例和通行的做法,如欧盟有《欧洲科研诚信行为准则》《比利时科学研究道德规范》,英国、德国也将科研诚信纳入大学基本的学术规范,要求学生深入学习和理解本国学术规范的同时了解其他国家的相关规范,在培养学生科研诚信素养的同时拓展国际视野。

相较而言,中国在科研诚信相关的制度建设上起步较晚,还不够完善,具体体现在不同部门之间缺乏整体性设计、制度间缺乏衔接以及条文不够细致、缺乏可操作性、科研诚信组织建立不完善、科研不端行为调查和处理体系尚不成熟等方面,并且缺少从源头上解决问题的科研诚信教育和培训。在这些方面,西方发达国家起步更早、认识更深、制度建设更系统全面、实践中更具可操作性,值得中国借鉴。

三、科研伦理:制度规范与立项准入

科研伦理是科研管理中的又一重要内容,传统的科研伦理问题主要集中在医疗及生物医学领域,伦理标准主要约束和规范与人体和动物实验相关的研究活动。医学方面的科研伦理要求研究开始前要充分评估其带来的益处和潜在的风险,以及需要被试人知情同意。随着人工智能等新兴技术的发展,科研伦理问题不断面对新挑战,需要一套科学的机制应对新问题,界定新的伦理问题并制定相应的审查规则。我国近年科技发展速度很快,但在科研伦理的完善方面相对滞后。2018 年,我国出现基因编辑婴儿事件,引起国际社会的普遍质疑和谴责。同年,中国科协组织的科技工作者科研伦理意识调查报告显示,科技工作者对我国科研人员的科研伦理道德水平评价较低,多数人认为我国关于科研伦理道德的宣传教育和管理制度存在短板,违反科研伦理道德的现象时有发生。报告分析指出,影响我国科研伦理的主要因素包括以下几方面:第一,正规的科研伦理教育培训缺乏;第二,科研伦理管理制度和组织建设滞后;第三,除了医疗卫生机构,绝大多数单位没有伦理审查机构;第四,很多伦理委员会在运行管理中缺少伦理审查的相关程序的成文规定,缺乏伦理审查受理时限的明确规定,缺乏快速审查机制。科技发展与科研伦理水平不协调客观上已经阻碍了中国科研人员参与国际科研合作,影响中国科研在国际上的声誉,引起了国家层面的高度关注。2019 年,“科研伦理”一词 20 年来首次被写入政府工作报告,报告提出对科研伦理问题要“零容忍”,要提升科研人员科学素养,加强科研伦理教育,推动完善相应的法律法规。2019 年 7 月,国家科技伦理委员会组建,该委员会负责从国家层面制定统一的科研伦理制度规范,健全治理机制,加强伦理监管,规范各类科学研究活动,细化相关的法律法规。2022 年 3 月,中共中央办公厅、国务院办公厅印发了《关于加强科技伦理治理的意见》,从总体愿景、伦理原则、伦理制度与体制建设、教育与宣传、审查与监管等方面对中国科技伦理体系建设提出了系统化的设计与意见,开启了中国科技伦理体系化的建设与实施。

发达国家的科技伦理制度建设始于 20 世纪中期。1947 年,美国医生推动形成的《纽伦堡守则》奠定了当代伦理审查的历史性基础。1975 年,《赫尔辛基宣言》第一次修订,促成了伦理委员会的建立。时至今日,西方发达国家大都已经建立了相对成熟和完整的科研伦理制度体系,主要内容包括组织架构、制度设计和宣传教育三个科技伦理治理的关键环节。在组织架构方面,由政府主导,设立从中央到地方,各部门各机构分层分级、协同共治的伦理委员会体系。国家层面的伦理委员会研究制定科技伦理审查、监督管理、教育培训等一系列重要的制度规范,并监督指导地方政府、行业主管部门以及有关单位建设区域、行业和机构伦理委员会。如英国医学领域伦理委员会体系分三层:最高层为全国伦理研究服务机构,负责对全国医学伦理委员会统筹管理;中间层是地方卫生行政机构建立的区域伦理委员会,全英 13 个区域有近 90 个区域伦理委员会,负责本地区的伦理审查;最底层是由大学、研究机构、医院等建立的机构伦理委员会,对本机构进行相关的伦理审查监管。在制度体系建设方面,英国也建立了从国家到地方不同层面相互配合的制度体系。美国联邦政府从顶层颁布了《国家研究法案》《关于研究不端行为的联邦政策》等一系列科研伦理治理的法律法规和指导性政策文件，为机构、行业制定具体的规章制度提供指导。美国各级部门和州政府则通过政策文件、操作指南等形式对科研伦理审查、监管、惩处及科研人员行为准则做出具体规定，针对新兴科技领域的相关主管部门制定专项政策法规。各类研究机构、大学、企业制定内部伦理规章制度和技术准则，规范内部科研人员的行为。在科研伦理的宣传教育方面，发达国家非常重视科研人员和大学生的伦理教育。欧盟在“地平线2020”计划中规定，在基础研究领域实施高风险跨学科科研合作前，相关科研人员必须接受专业训练来提升伦理素养，确保科研行为主体具有承担风险的能力。美国是最早建立科研审查机构的国家之一，具备较为完善的科研审查制度。科研伦理审查的范围已由最初生物医学领域拓展到更广泛的社会科学领域。依据联邦通用准则，大学的研究人员在进行生命体为被试的生物医学社会和行为研究时，必须接受院校伦理审查委员会（IRB）的审查和监督。包括项目申请前的教育与培训、申请时的材料审核与评估、申请后的过程监管，都需向上级报备。对于涉及人类被试的科研项目，学术伦理方面教育培训的要求是强制性的，这种科研立项准入制度环境促使高校建立了多种形式的科研伦理教育，并且催生了多种以学术伦理为主要内容的专业性教育与培训，覆盖众多学科领域，保障科研伦理教育有效落地。美国几乎所有的研究型大学都设有校内科研伦理审查委员会（IRB），负责审查涉及自己学校的科研项目，如斯坦福大学有 8 个 IRB，哈佛大学有 3 个 IRB。一些文理学院和社区学院也接受了联邦认证，设有院校的 IRB。联邦通用准则规定，每个 IRB 至少由 5 名成员构成，其中至少 1 名为科学家、1 名为非机构成员，此外还考虑种族、性别等多样性。对于项目申请材料、研究人员资格、被试人员知情同意书以及研究内容是审查重点。

发达国家相对成熟的科研伦理管理体系有许多地方值得我国借鉴，但也要认识到，科研伦理属于价值范畴，不同国家和地区有文化差异，在制定本国相关制度规范的过程中需要考虑自身文化因素，因地制宜。科研人员需要在学习和遵守本国科研伦理规范的同时，保持对国际上相关领域的科研伦理规范的关注和了解，熟知国际惯例和通则，为国际科研合作提供必要的基础。

四、科研政策手册——一个科研管理范本

内容丰富的科研管理制度如何能够更好地传播，便于科研人员学习和查阅？西方发达国家的做法提供了一个很好的范本，那就是制作了科研政策手册。在美国几乎所有的研究型大学都有科研手册，手册的条目细致，并且各大学的科研制度基本统一，充

分体现了美国大学科研制度的普遍理念——在学术领域中，普遍性的规则对所有机构和个人都是适用的。以斯坦福大学为例，其科研政策手册内容详尽，是美国大学较为经典的科研管理文本。该手册有十章，涵盖科研管理的方方面面，现列举如下：

第一章，支持研究的组织机构；第二章，学术政策，包括首席研究员学术自由与资质，及其研究中的相关权责等；第三章，受赞助项目的财务管理；第四章，教师及研究人员在外界实体担任顾问的政策；第五章，知识产权相关文件；第六章，关于化学污染、放射性危害、激光和生物危害的基本政策及紧急应对程序；第七章，关于人类主题研究的相关要求和指引；第八章，研究中实验动物的使用规范；第九章，非员工从事研究的派任；第十章，受赞助项目管理的其他方面。

在十章内容中，第六、七、八章是学术道德规范，其他章节都直接与科研管理具体事项相关。这样一个手册清晰详尽地介绍了科研人员开展科研工作涉及的各方面内容，为有效传播科研政策、培养科研精神、遵守科研伦理提供了全方位的制度安排，这样有序、规范、全面的制度支持无疑为培养高水平的科研人员提供了良好的制度环境，塑造了良好的科研管理文化。目前，国内的大学还普遍缺乏完善的制度文本，科研制度大多以零散的科研管理条例形式存在，少有大学将相关内容进行系统的汇总编辑，以科研手册的形式印发，为教师和研究人员提供全面的、可参照的制度规范。

五、科研数字化：数据共享、流程重塑与国际合作

数字化是近年发达国家科研管理的又一重要趋势，一方面，数字化能够优化科研管理流程，提高科研管理系统的效率，提供决策支持；另一方面，随着全球科研数据的急剧增加，数据管理与共享的需求在加速增长，大数据在科研中的应用越来越普遍，数字化成为科研中不可或缺的工具。此外，新冠疫情为不同国家和组织间跨国科研合作带来困难，数字化平台成为科研人员沟通交流的必要手段和有力支撑。数字化科研成为各国着力建设和提升的重要方面。

以上为本研究第一阶段的研究成果。接下来的研究计划是，在对科研管理制度框架有全面了解的基础上，进一步对科研管理制度的不同方面做更深入的调研，包括科研立项、评审等方面，并选取一些具有代表性的高校和研究机构作为重点研究对象进行个案研究，形成从整体到个案的全方位研究。

（刘荣，中国传媒大学继续教育学院）

参考文献

操秀英,2018. 我国科研伦理现状堪忧:中国科协的调查结果[N]. 科技日报,2018-01-19.

冯磊,2018. 英国学术不端治理体系的结构及特点研究[J]. 高教探索(5):69-74.

李函颖,2021. 以制度护航伦理:美国大学科研立项的准入制度研究[J]. 中国科技论坛(10):170-177.

李剑,2007. 美国大学科研制度对我国的启示——斯坦福大学科研政策手册解读[J]. 科技创业月刊(10):171-172.

刘萱,李响,2023. 科技伦理的价值取向及其对国际科技合作的重要作用[J]. 科学通报,68(13):1611-1616.

毛一名,冯永庆,任真,等,2022. 德国科学基金会应对学术不端的措施及启示[J]. 世界科技研究与发展,44(2):275-281.

倪思洁,韩扬眉,2022. "怎么落实是问题!" 《关于加强科技伦理治理的意见》引热议[N]. 中国科学报,2022-03-22.

王阳,2021. 重大科研不端案例与美国科研诚信制度的演变及其对中国的启示[J]. 自然辩证法通讯,43(8):77-84.

郑富豪,陈懋,等,2015. 浅析美国科研诚信体系建设对我国科研诚信体系建设的启示[J]. 中华医学科研管理杂志,28(4).

MACRINA F L,2011. 科研诚信:负责任的科研行为教程与案例[M]. 高等教育出版社.

国际科研合作的平台建设、管理制度与开展路径研究

姬德强　李　喆　钟婉初

摘要:国际科研合作可以有效回应全球化进程中世界各国所面临的共同问题,推动文化交流、知识共享和学术融通。从全球来看,世界各国的科研合作模式植根于自身的历史脉络和学术环境,在政策、实践和价值上展现出不同的走向。认真梳理和分析国际科研合作现状,将有利于中国传媒大学的国际科研中长期规划,服务国际科研平台和管理体制建设。本文立足区域和模式分析,提炼出国际科研合作的参考性理念与经验,随后提出了学校国际科研合作的制度设计与开展路径,包括内部资源准备、制度建设和外部竞争力提升。

关键词:国际科研合作;开放科学;管理制度;平台建设;开展路径

国际科研合作是指来自两个及以上国家的个人、团体或机构之间为完成同一科研任务或目标而彼此协同合作的跨国研究形态。20 世纪 80 年代,欧美等发达国家大力支持和探索国际科研合作的有效模式并卓有成效(Georghiou,1998),极大地弥补了传统闭合的、以学科划分为基本架构的科学研究范式的不足,满足了科学研究自身进步需要的同时,也符合全球化发展趋势下各国政治、经济和社会变迁对科学研究方向的需求变化。此外,面对日益显露的能源短缺、生态恶化、卫生健康威胁等全球性重大问题,跨国联合研究更加展示出优势(杨晶 等,2021)。在近 30 年时间里,世界各国逐渐开放科研边界,与其他国家或地区开启或增强科研合作,全球范围内的科研合作数量和规模显著增长、合作跨度更广、形式更多样。

一、海外国际科研合作整体情况概述

开展国际科研合作的动机分为直接利益和间接利益。直接利益,即通过合作使研

究工作以更高的质量、更快的速度、更经济的形式、辐射更大的范围进行，具体包括：合作方获得互补的科学知识、技能或研究指导；能够访问海外具体的地点、特殊设施或特定人群；分摊成本和风险；解决涉及跨国、跨区域或全球性问题；在国家之间建立某种科研的规范标准。间接利益，即借助科研合作的状态而产生的对其他方面的影响，例如：通过科研合作提高自身机构、成员声誉；获得更多的经济、社会、政治、文化等方面的利益或正向积累，从而间接对科研机构或人员有益。

（一）欧美

在科研水平、发展方向、研究需求等各个方面，不同国家和地区的科研机构的国际科研合作路径有所不同。英国曼彻斯特大学学者 Luke Georghiou 在 1998 年对欧美科研大国的科研合作路径进行全面研究，总结出早期欧美开展国际科研合作的主要模式，包括：研究人员、研究资金的交流互通；举办科研主题研讨会或其他会议；建立合作网络或项目伙伴关系，清楚界定各国参与者分工、科研结果交流要求；资助科研仪器或大型设备的使用权或分摊设备成本；涉及上述任何一项内容的各国实验室之间的长期合作计划；参与国家之间合作开展的科研计划；在合作国家建立自己的附属科研实验机构；赞助或参与国家计划。

由于较早启动国际科研计划并根据实践情况不断调整，美国和部分欧洲国家已奠定其在国际科研界的领先地位，并在各个学科上展现出出色的研究实力，引导着全球科研的发展方向。其他国家在寻求国际科研合作时主动靠拢，并接纳对方已形成的科研合作标准及规定。因此，欧美科研大国在国际科研合作模式和制度上保持着话语权，处于优势地位。此外，美国内部日益激烈的科研竞争环境也推动着美国科研工作向外拓展，以寻求更多资源和发展动力，这也成为其不断开放科研合作的原因之一。欧洲的科研发展较之美国略显平缓之态。不同于美国更为广泛的科研合作形式，欧洲国家的科研合作大多以建立具体研究项目为基础展开合作，受到研究框架或其他研究计划的资金等因素影响，跨国研究人员、跨学科交流等都受到项目制度的约束（Ukrainski et al.，2014）。本研究通过采访英国高校科研人员了解到，英国脱欧对欧洲的科研合作项目开展造成了较大的影响，政治与社会不稳定影响了科研资金，科研项目资助力度收缩，导致国际科研合作项目的申请压力倍增。然而，欧洲国家对中国、日本、韩国、加拿大及发展中国家开放科研合作通道，并积极吸引外界科研力量进入欧洲，为科研项目提供更多渠道的资助的同时，也是与美国急速增长的科研合作规模和数量的一种平衡。

(二)日韩

日本、韩国的科研发展模式类似,受到本国政府强有力的政策和官方资金支持(Ivanov et al.,2014),增强本国科研能力的同时,鼓励与其他国家开展科研合作和研究人员流动。日韩高校及科研机构已作为世界科研合作项目的重要参与者而迅速崛起。

(三)澳大利亚和加拿大

对于澳大利亚和加拿大,其以往的科研合作多依附于历史、政治和地域上的关联展开,并未真正开放面向世界的科研合作,但如今有所改观,其科研合作更具开放性与包容性。

(四)俄罗斯

俄罗斯联邦政府曾在2011年至2012年期间拨款120亿卢布,吸引海外研究人员到俄罗斯高校合作交流,以提升跨国科研能力和科研型高校的国际化水平。但目前俄罗斯高校的排名在世界高校排名榜中的位置仍不乐观。部分原因在于,俄罗斯高校未充分考虑其科研基础的优劣势,以及俄语在国际科研界的应用范围较之英语相对较小,且俄罗斯的国际科研合作方式仍以推动跨国出版物为主要评估指标,忽视了国际科研合作形式和衡量标准的多样化,这些都在一定程度上造成其国际科研合作开展发展缓慢。

(五)非洲

非洲各国的国际科研合作起步晚、基础薄弱,地区内的研究型高校在教育科研系统中所占比重很小。因此,非洲的国际科研合作的目标发展对象主要为美国,以及欧洲、亚洲的科研强国,近些年我国不断鼓励高校与该地区的科研型高校寻求合作机会。非洲高校教师开展国际科研合作仍以合著出版为主要成果形式,他们在合作中希望合作对象能够深入参与非洲当地的研究与建设,提供完善的国际科研标准、研究方法、技术指导和资金支持,并通过国际科研合作使非洲研究人员接触国际科研环境,以提升本土员工的国际化科研水平(Tijssen,2015)。

二、分析与总结

SCImago机构排名通过研究、创新和社会层面的三大综合性科研指标对全球高校的科研实力与前景进行衡量,三大指标具体为:科研表现(Research Performance)、创新产出(Innovation Outputs)、网络可见性衡量的社会影响(Societal Impact Measured by Their Web Visibility),其下共包含 17 个细化指标,如图 1 所示。SCImago 对高校科研能力的衡量指标中除了传统上对科研输出成果(出版物、期刊)的质量和影响力评估外,还涉及科研信息开源(Open Access)、科研人才库建设(Scientific Talent Pool)、知识领域创新(Innovative Knowledge)、技术影响力(Technological Impact)、内部网络(Inbound Links)等,对高校科研能力的考查较为全面和丰富。

FACTOR	INDICATOR	WEIGHT
Research (50%)	Normalized Impact (NI)	13%
	Excellence with Leadership (EwL)	8%
	Output (O)	8%
	Scientific Leadership (L)	5%
	Not Own Journals (NotOJ)	3%
	Own Journals (OJ)	3%
	Excellence (Exc)	2%
	High Quality Publications (Q1)	2%
	International Collaboration (IC)	2%
	Open Access (OA)	2%
	Scientific Talent Pool (STP)	2%
Innovation (30%)	Innovative Knowledge (IK)	10%
	Patents (PT)	10%
	Technological Impact (TI)	10%
Societal (20%)	Altmetrics (AM)	10%
	Inbound Links (BN)	5%
	Web Size (WS)	5%

图 1　SCImago 机构排名衡量指标

本文借鉴以上衡量指标,总结和对比不同国家/区域的高校开展国际科研合作的特点。

(一)以全球科研力量内聚为实践基础

美国、加拿大和英国高校格外注重学校内部的国际人才比例,力求在学校内形成具有高度国际化的科研人才队伍开展联合科研项目。学校在官网上面向全球开放国际学者访问、参观、交流的各项申请渠道并提供科研福利,吸引国际科研人员加入。学校内部通常在各专业院系下设置各种专题研究中心、科研实验室和科研项目团队,研究多聚焦于世界各地区的热点或全球性问题,研究团队通常从校内整合来自该课题所涉及区域的外籍研究人员。因而,英美等国家通过长期科研积淀和国际化拓展,已在校园内具备开展国际科研合作的基础。

该类学校具有清晰的定位,即科研型高校。换言之,学校基于其科研能力提升教育质量,而教育资源将反哺于科研。从上述英美高校的科研合作实践路径发现一个共同点,学校鼓励和招收来自世界不同区域国家的留学生和学者,甚至面向全球公开提供在线学习课程,为学校提供源源不断的校友资源和海外人才资源储备,从而形成覆盖全球大部分地区的科研联系网络,为学校未来在世界各地开展跨国科研合作提供了联络与获取当地资源的便利通道。

(二)科研合作需要具有全球研究视野、聚焦具体问题

与海外机构联合展开研究需要有明确的研究方向和目标。国际科研合作机制完善的高校往往能够捕捉世界各地的具体研究热点,发掘符合当地基本情况和发展需求的研究主题。较之聚焦于单一地区的具体问题研究,涉及全球性问题的研究项目需要联合来自更多国家的科研团队进行合作,反而在策划和执行上更具难度,而海外高校更加注重海外科研的聚焦性与可操作性,因而更大规模的国际科研合作上将更难吸引高校科研团队加入。

海外高校开展国际科研合作的出发点基本上在于其合作方所在地区可发掘出符合该校研究专长和兴趣的热点问题,根据当地情况形成研究课题,进而与当地开展合作,成立专题研究院、研究中心或实验室进行科研合作,并根据合作情况进一步拓展科研合作工作。

国内高校开展海外科研合作更倾向于选定目标合作对象,然后通过签订合作协议、战略框架等形式建立合作伙伴关系,之后再开展具体的研究项目或科研活动。

(三)充分利用当地科研力量做好国际科研合作落地实践

国外高校在与其他国家机构开展科研合作时更倾向于将联合研究机构建设在合作伙伴所在地区,如哈佛大学、牛津大学都在各大洲多个国家与当地高校合作成立地区问题研究中心,获得当地政策、资金和科研力量支持的同时,还能够以此为基地将科研辐射到周边地区,拓展跨国合作项目。

中国高校更倾向于通过联合国外高校,在本学校内建立研究中心或组成研究团

队,设置专门对接国际科研团队的部门,积极引入海外高校的科研支持,推动学校内部国际化发展并改善科研队伍的海外人员比例。例如北京大学开启了引智工作引进海外杰出人才,武汉大学为校内科研人员开设对接国际科研项目的相关培训课程。

(四)官方政策与资金支持是国际科研合作开展的重要保障

日本政府为高校提供大量科研资金,用于开展专项科研活动,因而海外资金对于日本开展国际科研合作的吸引力与其他国家相比较弱。同样,多数科研较为成熟的国外高校目前将合作目光投向具有一定经济实力和基础资源的国际企业或外部机构,对于缺乏科研资金保障的海外高校合作则兴致索然,例如美国的斯坦福大学对其本身的官方定位是:具有学术传统的政策导向型企业。

近年来,高校与海外企业开展国际科研合作的情况逐步受到高校科研机构的关注,许多海外企业也具有不逊于高校的科研设施和团队配置,且能够为高校带来更充足的资金支持与实践场地。我国清华大学的国际科研合作未拘泥于海外高校和科研机构,还通过委托科研项目的合作形式与许多海外企业建立了长期的合作伙伴关系,并与企业科研部门展开实质性科研实践。

(五)充分开发和利用图书馆、档案馆、博物馆资源,建立健全科研开源制度

学校图书馆、档案馆、博物馆作为科研工作的基础资料来源与信息补充平台,在一定程度上体现着高校开展国际科研合作的起点。科研能力较出色的高校的资料管理部门拥有大量不同国家、不同语种、不同专业的资料,例如斯坦福大学建有20个图书馆,以图书馆为核心收录全球大量文献,为科研工作提供全方位支持。丰富的资料和数据资源也是吸引国际科研合作的一个重要因素。除了管理和提供资料,许多国际顶尖高校推动图书馆和学校研究机构展开多层面互动,通过各种方式使馆内的资料真正流动起来。例如:剑桥大学鼓励图书馆、博物馆员工参与学校的各个科研项目组;斯坦福大学的图书馆工作人员兼任其他研究团队的重要参与和负责人。

科研资料开源制度也是吸引国际科研合作的一个亮点。剑桥大学鼓励研究人员通过学校展示平台面向公众开放科研成果,同时在其中增添科研项目相关信息与申请通道,通过信息共享展示本校科研项目的主要方向、研究能力和团队配置等。

三、探索中国传媒大学国际科研合作开展新路径

（一）做好学校内部准备工作

1. 建立协同管理机制

国际科研合作在学校内属于多部门交叉管理领域，需要科研处和国际交流处等职能部门之间形成合力，建立有效的协同管理机制，方能更有成效。一方面，科研处更了解学校的学科设置与研究能力情况，清楚科研设备配置、科研人员的研究领域和发展方向，而国际交流处作为学校外事工作的窗口，掌握更多对外交流合作的资源和信息；另一方面，科研处由于管理全校的科研事务，项目多、任务重，如需再抽出额外的精力给予国际科研合作较多的关注，会给原本的工作增加更多压力，也难以保证处于起步阶段的国际科研合作事务的对接与运行。因此，以科研处和国际交流处为主的各职能部门需围绕国际科研合作工作讨论并建立适合本校的联合管理机制，提高管理国际科研合作事务的专向性、资源配置的科学性和工作执行的效率。

2. 设置国际科研合作评估体系

目前，我国高校衡量国际科研合作效果的主要指标为合著出版物、论文，但这不应成为评估国际科研合作效果时超比重甚至唯一的指标，而要扩展评估维度对国际科研合作进行全面衡量。建议在学校原有科研评估体系的基础上，借鉴 SCImago 机构排名中对国际高校科研能力的评估指标，从科研、创新和社会三个层面进行衡量。科研部分约占 50%的比重，其中包含合作知名度、国际影响力和影响范围、科研合作中的中心度和领导力、科研成果输出（分为在本机构出版物上与非本机构出版物上发表）、项目资源开放度、项目对人才库建设的贡献度等。创新和社会部分结合学校对未来科研合作发展的规划方向进行设置，创新性指标旨在评估本次国际科研合作是否创造出创新性成果或为未来发展奠定基础。社会指标则对于本次跨国科研合作产生的边际效应进行评估，通过本次合作为学校带来哪些社会效益。

3. 提升研究人员和行政人员对接国际科研项目的综合素质

邀请国际科研项目的专家或有经验人士，为学校科研人员、行政人员开设专题培训课程，加深相关人员对国际科研界的认识，了解国际科研合作所必需的信息，掌握目标合作高校的科研习惯和所需技能等，充分做好对接国际科研团队并开展联合科研工作的准备。

4. 优化国际科研合作网络布局

制定好学校开展国际科研合作的区域布局和整体规划，并有针对性地发展国际科研合作的伙伴高校/科研机构。考虑到目前国际政治环境和各国科研发展水平参差不齐的情况，可针对不同合作区域制定差异化的国际科研合作策略。第一，积极寻求与科研发达国家，如英、美等国的科研合作关系，依据对方高校开展国际科研的特点探寻合作渠道。第二，加强与“一带一路”沿线国家的科研合作关系，提升科研合作的规模和主题多样性，在沿线国家建立专题研究中心，并以此为依托整合当地科研资源，可借鉴武汉大学建立的“一带一路”健康研究院的成功案例，该研究院在尼泊尔、斯里兰卡开展关于抗生素耐药性的数据收集，最终形成高质量的研究成果，并提升了武汉大学在当地的研究声誉。第三，开启学校与中东欧国家的科研合作。中东欧作为“一带一路”融入欧洲的重要承接区域，对于学校打入欧洲科研界并占有一席之地具有重要意义。第四，全面整理学校的海外校友资源，利用外籍校友、海外工作或求学的校友与当地科研机构取得联系并寻求合作机会。

在选定合作的目标高校时，要明确对方的学校定位，即科研型高校、综合类大学或其他，并了解其在国际科研合作中的诉求和主要目标，从而有针对性地制订合作方案。

（二）提升国际科研合作的竞争力

1. 增强学校内部的科研国际化水平

鼓励海外研究人员以多种方式加入中国传媒大学研究团队，并制定科研支持政策，通过多种形式面向海外宣传学校的学科特色、科研能力和研究配置优势，吸引各国优秀科研人才内聚于学校，增强学校科研团队的国际化水平。

设置用于国际科研合作的专项资金，在学校网站等媒体平台开设国际科研项目申请通道，面向国内外科研界广泛征集国际科研合作项目的研究问题，以提供项目资助的形式吸引海外科研团队主动取得联络和合作的机会。

利用学校专业优势与科研亮点，开设面向海外的线上学习平台，扩充海外校友群体资源，并扩大校友所覆盖的区域国家范围，为进一步开展定点国际科研合作奠定基础。

2. 图书馆、传媒博物馆、档案馆建设与科研工作融合展开

借鉴斯坦福大学、剑桥大学对图书馆、博物馆和档案馆的建设模式，可将中国传媒大学既有资源与海外高校和研究机构丰富的科研资源进行整合，增强图书管理人员与

各研究领域专家的交流互动，形成对学校开展国际科研工作的强有力支持。图书馆、档案馆设置科研项目的信息共享平台，面向国内外公开展示并支持外界输入建议意见，增加中国传媒大学科研能力的国际可见度。同时，可建设与国外高校科研成果展示平台的对接窗口，汇聚国际科研信息提供给校内研究人员。

3. 拓展国际合作对象

国际科研合作不必局限于与海外高校、研究机构，海外企业也是不错的国际科研合作对象。企业除了具有一定的资金和设备支持，企业科研部门在相应领域内也拥有出色的团队配置和良好的科研环境，高校与海外企业合作能够在理论与实践上进行良好的优缺互补，丰富国际科研合作的开展模式，提升科研合作的实践意义和成果的实际社会效用。

（姬德强，中国传媒大学人类命运共同体研究院副院长、媒体融合与传播国家重点实验室研究员；李喆，中国传媒大学媒体融合与传播国家重点实验室博士研究生；钟婉初，中国传媒大学人类命运共同体研究院特约研究员）

参考文献

杨晶，康琪，李哲，2021. 数字化时代国际科研合作的新趋势：设施、模式与机制革新[J]. 全球科技经济瞭望，36(8)：47-48.

GEORGHIOU L，1998. Global cooperation in research[J]. Research policy(27)：611.

IVANOV V V，LIBKIND A N，MARKUSOVA V A，2014. Publication activity and research cooperation between higher education institutions and the Russian Academy of Sciences[J]. Herald of the russian academy of science，84(1)：29.

TIJSSEN R，2015. Research output and international research cooperation in African Flagship Universities [M]//CLOETE N，MAASSEN P，BAILEY T. Knowledge production and contradictory functions in African higher education. Cape Town：African Minds，61-73.

UKRAINSKI K，MASSO J，KANEP H，2014. Cooperation patterns in science within Europe：the standpoint of small countries[J]. Scientometrics(99)：850.

党性和人民性从来都是一致的、统一的

——习近平总书记关于党的宣传思想工作中党性原则的重要论述探析

高永亮

摘要:党性原则是党的宣传思想工作中最基本、最重要、最核心的原则,是党的宣传思想工作中最本质的特征。习近平总书记发表了一系列关于党的宣传思想工作中党性原则的重要论述,主要包括:"无论时代如何发展、媒体格局如何变化,党管媒体的原则和制度不能变";"要树立以人民为中心的工作导向,把服务群众同教育引导群众结合起来,把满足需求同提高素养结合起来";"党性和人民性从来都是一致的、统一的";"坚持党性,新闻舆论工作才能有明确的立场和指向;坚持人民性,新闻舆论工作才能获得活力源泉和动力根基";等等。这些重要论述进一步丰富和发展了马克思主义新闻观、宣传观,为做好新时代党的宣传思想工作提供了根本遵循、理论指导和实践指南。

关键词:党性原则;以人民为中心;党性和人民性相统一

一、"党媒姓党":把各级各类媒体都置于党的领导之下

党性原则是马克思主义新闻观、宣传观和中国共产党宣传思想中最基本、最重要、最核心的原则,是党的宣传思想工作最本质的特征。思想上、政治上、行动上与党中央保持一致,宣传党的理论、路线、方针、政策,体现党的意志,遵守党的组织原则和纪律,这是宣传思想工作中党性原则的基本内容和要求。在宣传思想工作中,坚持党性原则的前提和保障是加强党对宣传思想工作的领导。2003 年 7 月 18 日,时任浙江省委书记的习近平同志在文化体制改革和文化大省建设座谈会上的讲话中指出:"新闻媒体具有鲜明的意识形态性质,要确保党和人民喉舌的性质不能变,党管媒体不能变,党管干部不能变,正确的舆论导向不能变。"2004 年 8 月 4 日,习近平同志在省委宣传工作

座谈会上指出:“新闻的党性原则,是发展社会主义新闻事业的根本原则,是我们党代表和维护人民群众根本利益的本质要求。”这些论述从思想、政治、工作、组织方面对党性原则的内涵及要求进行了阐述和分析,体现了他作为地方党委领导对党的宣传思想工作中党性原则的认识、理解、把握和遵循。在担任中共中央总书记后,以习近平同志为核心的党中央统筹中华民族伟大复兴战略全局和世界百年未有之大变局,立足全党全国工作大局,特别重视并强调在各项工作中坚持和加强党的领导。他指出:“中国共产党的领导是中国特色社会主义最本质的特征。没有共产党,就没有新中国,就没有新中国的繁荣富强。坚持中国共产党这一坚强领导核心,是中华民族的命运所系。”(习近平,2017)习近平总书记在党的十九大报告中提出新时代坚持和发展中国特色社会主义的基本方略即“十四个坚持”,第一个就是“坚持党对一切工作的领导”。在党的二十大报告中,习近平总书记指出:“中国特色社会主义最本质的特征是中国共产党领导,中国特色社会主义制度的最大优势是中国共产党领导,中国共产党是最高政治领导力量,坚持党中央集中统一领导是最高政治原则。”这些论述充分体现出以习近平同志为核心的党中央对于坚持和加强党对各项工作的领导的重视和强调。新闻舆论是治国理政、定国安邦的大事,进一步加强党对新闻舆论工作的领导,显然是题中应有之义。习近平总书记从全党全国工作大局出发,结合时代发展及媒体格局、舆论环境的变化,对党性原则做了进一步强调,其中特别强调“坚持党管媒体”“坚持党对新闻舆论工作的领导”。

2013 年 8 月 19 日,在全国宣传思想工作会议上,习近平总书记指出:“要坚持党管媒体原则不动摇,坚持政治家办报、办刊、办台、办新闻网站,加强马克思主义新闻观教育。”2016 年 2 月 19 日召开的党的新闻舆论工作座谈会上,习近平总书记指出,“党管宣传、党管意识形态、党管媒体是坚持党的领导的重要方面”,“坚持党性原则,最根本的是坚持党对新闻舆论工作的领导。党和政府主办的媒体是党和政府的宣传阵地,必须姓党,必须掌握在党的手里,必须成为党和人民的喉舌”,“无论时代如何发展、媒体格局如何变化,党管媒体的原则和制度不能变”。新时代以来,随着大数据、云计算、5G、人工智能等新兴技术的应用和普及,加上社交媒体及各类新媒体形态、新媒体平台的出现,媒介环境、舆论生态、传播格局发生了前所未有的深刻变革。同时,媒介市场化进程也不断加快。包括报纸、广播、电视等传统媒体及新兴媒体在内的各类媒体市场主体地位日益凸显,市场属性愈加明显。一些媒体因片面追求经济效益而忽视和违背社会效益,导致舆论导向出现偏差。此外,受西方所谓的“放松管制”思潮影响,我国传媒学术界和传媒业界一些人也提出了所谓的“放松媒体管制”的观点,主张对新兴媒体或新媒体平台、市场化媒体或新闻类内容之外的广告、文化、娱乐、综艺、影视剧等内容放松管制。这种观点实际上主张放松甚至取消党对媒体的领导和管理，严重违背了“党管媒体”的基本原则。新闻媒体是党和人民的喉舌，这是为中国共产党百年新闻舆论实践所证明的正确无疑的准则，也是党的新闻舆论工作最具本质特征的原则之一。无论时代如何发展变化、传媒格局如何发展变化，“党管媒体”都是新闻舆论工作必须坚守的基本原则。因此，习近平总书记强调：“报刊、通讯社、电台、电视台、新闻网站的所有工作都必须体现党的意志、反映党的主张，必须维护党中央权威、维护党的团结，做到爱党、护党、为党。”（习近平，2018）这些论述后来被概括为“党媒姓党”。“党管媒体”中的媒体不仅指党报、党刊、电台、电视台、新闻网站等党直接掌管的媒体，还包括新兴媒体及新媒体平台等各级各类媒体。习近平总书记（2018）提出，把各级各类媒体都置于党的领导之下，让党管媒体的原则适用所有媒体，“不能说只管党直接掌握的媒体，而是把各级各类媒体都置于党的领导之下”。他特别强调：“要把党管媒体的原则贯彻到新媒体领域，所有从事新闻信息服务、具有媒体属性和舆论动员功能的传播平台都要纳入管理范围，所有新闻信息服务和相关业务从业人员都要实行准入管理。”（习近平，2018）除了强调党对互联网等新媒体内容、相关人员加强管理以外，习近平总书记还进一步提出加强互联网党建工作。2018 年 7 月 3 日，习近平总书记在全国组织工作会议上的讲话中指出，要探索加强新兴业态和互联网党建工作，扩大党在新兴领域的号召力和凝聚力。习近平总书记的这些论述将党管媒体原则覆盖了党直接掌管的媒体和非党直接掌管的媒体，传统媒体和新兴媒体，各级各类媒体渠道和传播平台及所有相关从业人员，使宣传思想工作中的党性原则内涵在新的媒体环境和舆论格局下得以丰富和发展。

二、以人民为中心的工作导向：党全心全意为人民服务的宗旨和群众路线在宣传思想工作中的反映和体现

作为用马克思主义武装起来的政党，中国共产党把全心全意为人民服务作为党的宗旨。《中国共产党章程》明确提出：“坚持全心全意为人民服务。党除了工人阶级和最广大人民群众的利益，没有自己特殊的利益。党在任何时候都把群众利益放在第一位。”马克思主义理论关于人民在历史发展中的重要作用等相关论述和中国共产党全心全意为人民服务的宗旨体现在宣传思想工作中，形成了“人民报刊思想”“全党办报、群众办报”等马克思主义新闻观、宣传观和中国共产党宣传思想的重要原则。习近平是首位新中国成立之后出生的中共中央总书记，深受马克思主义理论及毛泽东、邓小平等中国共产党领导人思想的影响，对中国共产党全心全意为人民服务的宗旨和

群众路线有着极为深刻的理解,并在实际工作中一直身体力行。1969 年,不满 16 岁的习近平到陕北梁家河插队时,大量阅读政治、经济、哲学、文学及马克思主义著作,对毛泽东的《为人民服务》"反复地看,反复地读,爱不释手"(中央党校采访实录编辑室,2017)。他与农民一起住窑洞、下地劳动,还主动为村里修建厕所。当上村支书后,他到四川绵阳考察学习建设沼气池,回来后建成沼气池,梁家河点燃了陕北第一盏沼气灯。在河北省正定县担任县委书记时,习近平深入群众中开展调查研究,带头到县城大集上发调查表,征求群众对县委县政府工作的意见。经过努力,他带领正定县从"高产穷县"翻身成为"高产富县"(中央党校采访实录编辑室,2019)。在福建省宁德地区担任地委书记时,习近平在各种会议、讲话、文章中多次强调要在工作中深入贯彻全心全意为人民服务的宗旨和党的群众路线,如《干部的基本功——密切联系人民群众》《把心贴近人民——谈新形势下领导的信访工作》《为官一场 造福一方》《同心同德 兴民兴邦——给宁德地直机关领导干部的临别赠言》等(习近平,1992)。在浙江省担任省委书记期间,他在《浙江日报》"之江新语"专栏发表了 232 篇短论,其中有很多是在强调全心全意为人民服务的宗旨和党的群众路线,如《不求"官"有多大,但求无愧于民》《心无百姓莫为"官"》《凡是为民造福的事一定要千方百计办好》《要拎着"乌纱帽"为民干事》《面对面做好群众工作》《办法就在群众中》《一切为民者,则民向往之》《为民办实事旨在为民》《为民办实事重在办事》《为民办实事成于务实》等(习近平,2007)。

在担任中共中央总书记之后,习近平在各种重要场合反复强调,全党全国各项工作要贯彻全心全意为人民服务的宗旨和党的群众路线。2012 年 11 月 15 日,中共十八届一中全会闭幕,刚刚当选中共中央总书记的习近平与十八届中央政治局常委同中外记者见面时指出"人民对美好生活的向往,就是我们的奋斗目标","人民是历史的创造者,群众是真正的英雄","我们一定要始终与人民心心相印、与人民同甘共苦、与人民团结奋斗,夙夜在公,勤勉工作,努力向历史、向人民交出一份合格的答卷"。2015 年 10 月 29 日召开的中共十八届五中全会首次提出坚持以人民为中心的发展思想。在党的十九大报告中,习近平总书记强调:"全党必须牢记,为什么人的问题,是检验一个政党、一个政权性质的试金石。带领人民创造美好生活,是我们党始终不渝的奋斗目标。必须始终把人民利益摆在至高无上的地位,让改革发展成果更多更公平惠及全体人民,朝着实现全体人民共同富裕不断迈进。"习近平总书记在党的十九大报告中提出新时代坚持和发展中国特色社会主义的十四个基本方略,其中第二个就是"坚持以人民为中心"。在党的二十大报告中,习近平总书记强调:"坚持以人民为中心的发展思想。"历史和现实都已经证明,无论在革命年代还是建设、改革时期,能否贯彻全心全意为人民服务的宗旨和群众路线,直接关系到党的执政基础稳固与否、党和国家各项事业的兴衰成败甚至中华民族的前途和命运。所以习近平总书记高度重视、反复强调要在党的一切工作及治国理政全部实践中体现全心全意为人民服务的宗旨、贯彻群众路线。具体到宣传思想工作中,他提出,要树立和坚持以人民为中心的工作导向。2013 年 8 月 19 日召开的全国宣传思想工作会议上,习近平总书记指出:"要树立以人民为中心的工作导向,把服务群众同教育引导群众结合起来,把满足需求同提高素养结合起来。"2016 年 2 月 19 日召开的党的新闻舆论工作座谈会上,习近平总书记指出:"坚持以人民为中心的工作导向,才能确保新闻媒体始终为人民服务,而不是为少数人服务。"坚持以人民为中心的工作导向,就是指新闻舆论工作者要明确为人民服务的职责使命和方针定位,新闻舆论工作的一个根本宗旨和原则是为了人民、服务人民、依靠人民,只有这样才能不断赢得人民的信赖和支持,不断从人民中汲取力量,进而更好地服务人民、服务社会主义现代化建设。他指出,树立和坚持以人民为中心的工作导向,要不断解决好"为了谁、依靠谁、我是谁"这个根本问题。"为了谁"就是指新闻舆论工作的一个根本宗旨是要为人民服务,反映人民心声,"多宣传报道人民群众中涌现出来的先进典型和感人事迹,丰富人民精神世界,增强人民精神力量,满足人民精神需求"(习近平,2014),更好地服务人民进而积极推动实现"人民对美好生活的向往"这个奋斗目标。"依靠谁"指新闻舆论工作要深入生活、扎根人民、依靠人民,要虚心向人民学习、向生活学习,从人民的伟大实践和丰富多彩的生活中汲取营养,在深入生活、扎根人民中进行无愧于时代的文艺创造,而不能脱离人民、脱离生活、脱离实际。"我是谁"是要求新闻舆论工作者明确并牢记职责使命和角色定位,全心全意为人民服务,"要转作风改文风,俯下身、沉下心,察实情、说实话、动真情,努力推出有思想、有温度、有品质的作品"(习近平,2018),努力做让人民满意的新闻工作者。习近平总书记提出的宣传思想要有以人民为中心的工作导向,就是他一贯强调的党全心全意为人民服务的宗旨和群众路线在宣传思想工作中的反映和体现,也是新闻舆论工作党性原则的重要体现。

三、党性和人民性从来都是一致的、统一的

习近平同志在福建省宁德地区担任地委书记时就谈到过党性和人民性的问题。1989 年 5 月,他在宁德地区召开的新闻工作会议上说:"我们强调的党性,包含着人民性的深刻内涵。我们党是代表人民利益的党,她没有独立于人民利益的自身利益。"他站在党性和人民性统一的立场上分析说:"由于各个局部的人群不十分了解全局的

状况，由于群众中个体的教育水平、觉悟程度、工作岗位、地域地理、年龄层次等等因素的不同，‘春兰秋菊不同时’，其看法、主张与我们党的看法、主张可能会产生距离，出现差异。”他运用辩证唯物主义的立场、观点和方法指出了党代表的是人民的长远利益和全局利益，党性和人民性从长远和全局上看是一致的、统一的，在局部和短期内一些群众的“看法、主张与我们党的看法、主张可能会产生距离，出现差异”，但这并不影响党性和人民性在长远和全局上的一致和统一。但是局部和短期出现的问题也不能忽视，所以他提出：“新闻工作者应该更多地起到渠道和桥梁的作用，长期地、耐心地、孜孜不倦地向人民宣传党的路线、方针、政策，解释党对事物的主张和看法，让人民了解党和国家的大事，使党的看法、主张化为人民群众自觉自愿的行动。”

20 世纪八九十年代，我国思想理论界关于党性与人民性的问题进行过比较多的讨论，其中出现过一些与马克思主义基本原理相违背的错误观点。后来理论界对这些错误观点和认识进行了批判和澄清，党和国家也出台了相关规定和要求，此后关于这个问题的讨论也逐渐减少。近年来，在宣传思想工作及其他工作实践中，一些人提出“你是替党讲话，还是替老百姓讲话”“你是站在党的一边，还是站在群众一边”这样的问题，这实际上就触及了党性和人民性的问题，并且这样的说法从本质上是把党性和人民性割裂开来、对立起来，把党性和人民性做非此即彼的判断和选择。针对这些理论上错误、实践中有害的观点和说法，2013 年 8 月 19 日，刚刚担任中共中央总书记 9 个多月的习近平，在全国宣传思想工作会议上明确指出：“党性和人民性从来都是一致的、统一的。”习近平发表这个讲话后的第 9 天，即 2013 年 8 月 27 日，《人民日报》头版发表本报评论员文章《坚持党性和人民性相统一——四论学习贯彻习近平总书记 8 · 19 重要讲话精神》。文章指出，党性和人民性的关系，是意识形态领域关乎舆论导向的重大问题，只有处理好二者的关系，宣传思想工作者才能明确方向、站稳立场。文章进一步驳斥了把党性和人民性对立起来的错误观点，反复强调党性和人民性是一致的、统一的，要从整体上把握党性和人民性。文章同时指出：“党性和人民性都是整体性的政治概念，党性是从全党而言的，人民性也是从全体人民而言的，不能简单地从某一级党组织、某一部分党员、某一个党员来理解党性，也不能简单地从某一个阶层、某部分群众、某一个具体人来理解人民性。只有站在全党的立场上、站在全体人民的立场上，才能真正把握好党性和人民性。”2013 年 11 月，中共中央机关刊物《求是》杂志第 22 期发表署名“秋石”的文章《坚持党性和人民性相统一》。文章指出：“党性和人民性的统一，是每一个共产党员都应该明白的道理，都必须始终坚守的准则。”（秋石，2013）文章引用马克思、恩格斯、列宁等人的论述指出：“党性和人民性关系的本质，源自党和人民的关系”，“党和工人阶级以及人民大众的关系本质启示我们，党性和人民性本来就是不可分离的,党性来自人民性,是人民性最高最集中的体现,坚持党性原则,也就是坚持工人阶级和人民大众的根本利益的原则”。(秋石,2013)换言之,党性和人民性不是分开的、对立的,而是一致的、统一的、不可分割的,坚持党性就是坚持人民性。文章最后强调:“旗帜鲜明地坚持党性和人民性的统一,坚持对党负责和对人民负责的一致性,是做好宣传思想工作的一项根本原则。”《人民日报》的“本报评论员”文章和《求是》杂志署名“秋石”的文章显然都不是代表个人,而是代表《人民日报》和《求是》杂志甚至在很大程度上代表中共中央在发表意见。这标志着党性和人民性关系问题这个长达30年的理论禁区被打破。在2016年2月19日召开的党的新闻舆论工作座谈会上,习近平总书记再次指出:“在中国共产党领导的社会主义中国,党性和人民性是一致的、统一的。我们党以全心全意为人民服务为根本宗旨,没有自己的特殊利益,体现党的意志就是体现人民的意志,宣传党的主张就是宣传人民的主张,坚持党性就是坚持人民性。党性寓于人民性之中,没有脱离人民性的党性,也没有脱离党性的人民性。”他批评“你是替党讲话,还是替老百姓讲话”“你是站在党的一边,还是站在群众一边”这样的论调,他指出“把党性和人民性对立起来,在思想上是糊涂的,在理论上是错误的,在实践上是有害的”。具体到宣传思想工作中,党性和人民性相统一表现为,坚持党性,新闻舆论工作才能有明确的立场和指向;坚持人民性,新闻舆论工作才能获得活力源泉和动力根基。实际上,习近平总书记就是主张在宣传思想工作中把体现党的主张和反映人民心声统一起来,把对党负责和对人民负责统一起来,既不能因为片面强调体现党的主张而影响和妨碍反映人民心声,也不能因为片面强调反映人民心声而忽视和削弱体现党的主张,二者并重,不可偏废。“新闻媒体要把对党负责和对人民负责统一起来、把服务群众同教育引导群众结合起来、把满足需求同提高素养结合起来,更好把党的理论和路线方针政策变成人民群众的自觉行动,及时把人民群众创造的经验和面临的实际情况反映出来,丰富人民精神世界,增强人民精神力量。”

对于党性和人民性这样一个重大、敏感又带有原则性的理论问题,习近平总书记打破了过去几十年理论界对此一直回避或禁止讨论的局面,直面问题,明确立场、观点和态度,对错误观点和主张予以坚决回击,进一步廓清了“党性和人民性之间的关系”这个在宣传思想领域甚至整个理论界有巨大影响的重要问题上的思想障碍与迷雾,纠正了在理解和阐释党性与人民性这个理论问题时出现的种种片面甚至是错误的观点。

四、结语

党性原则是马克思主义新闻观、宣传观的基本原则，是中国共产党百余年宣传思想工作的基本原则和本质特征。中国共产党历来高度重视宣传思想工作的党性原则，其一百多年宣传思想工作史在很大程度上就是一部不断坚持、发展和丰富党性原则的历史。中国特色社会主义进入新时代，党团结带领全国人民迈向实现第二个百年奋斗目标的新征程，党的宣传思想工作面临一系列新形势、新问题、新矛盾、新挑战和新机遇。以习近平同志为核心的党中央统筹中华民族伟大复兴战略全局和世界百年未有之大变局，把马克思主义新闻观、宣传观基本原理与中国具体实际相结合、与中华优秀传统文化相结合，针对新时代党的宣传思想工作的新形势、新特点，发表了一系列新思想、新观点、新论断，特别是"把各级各类媒体都置于党的领导之下"，"树立以人民为中心的工作导向"，"党性和人民性从来都是一致的、统一的"等关于党的宣传思想工作中党性原则的重要论述。习近平总书记进一步丰富和发展了党性原则的内涵，进一步丰富和发展了马克思主义新闻观、宣传观，深刻地回答了新时代党的宣传思想工作中一系列具有方向性、根本性、全局性、战略性的重大问题，为做好新时代党的宣传思想工作提出了明确要求、指明了方向路径、提供了根本遵循。

（高永亮，中国传媒大学国家传播创新研究中心）

参考文献

坚持党性和人民性相统一——四论学习贯彻习近平总书记 8·19 重要讲话精神[N]. 人民日报，2013-08-27(1).

秋石，2013. 坚持党性和人民性相统一[J]. 求是(22)：46-49.

习近平，1992. 摆脱贫困[M]. 福州：福建人民出版社.

习近平，2006. 干在实处 走在前列——推进浙江新发展的思考与实践[M]. 北京：中共中央党校出版社.

习近平，2007. 之江新语[M]. 杭州：浙江人民出版社.

习近平，2014. 习近平谈治国理政[M]. 北京：外文出版社.

习近平，2016. 在文艺工作座谈会上的讲话(2014 年 10 月 15 日)[M]//中共中央文献研究室. 十八大以来重要文献选编(中). 北京：中央文献出版社.

习近平，2017. 习近平谈治国理政：第二卷[M]. 北京：外文出版社.

习近平，2018. 坚持党的新闻舆论工作的正确政治方向[M]//中共中央党史和文献研究院. 十八大以来重要文献选编(下).北京:中央文献出版社.

习近平,2018.在全国宣传思想工作会议上的讲话(2013年8月19日)[M]//中共中央党史和文献研究院.习近平关于总体国家安全观论述摘编.北京:中央文献出版社.

习近平,2019.决胜全面建成小康社会,夺取新时代中国特色社会主义伟大胜利[M]//中共中央党史和文献研究院.十九大以来重要文献选编(上).北京:中央文献出版社.

习近平,2022.高举中国特色社会主义伟大旗帜 为全面建设社会主义现代化国家而团结奋斗——在中国共产党第二十次全国代表大会上的报告(2022年10月16日)[J].求是(21):4-35.

中共中央关于制定国民经济和社会发展第十三个五年规划的建议[M]//中共中央文献研究室.十八大以来重要文献选编(中).北京:中央文献出版社,2016.

中国共产党章程[M].北京:人民出版社,2022.

中央党校采访实录编辑室,2017.习近平的七年知青岁月[M].北京:中共中央党校出版社.

中央党校采访实录编辑室,2019.习近平在正定[M].北京:中共中央党校出版社.

乡村振兴背景下县级融媒体中心带动地区发展的机制研究

——以内蒙古自治区科尔沁右翼前旗为例

赵　丹

摘要:2020 年,我国打赢脱贫攻坚战,全面建成小康社会。我国乡村振兴战略将向多维度、长效机制建设、从外力推动到主体能动等方向发展。课题组遵循"调研先行、实践探索、科学发展"的原则,在内蒙古自治区科尔沁右翼前旗针对融媒体中心建设、乡村振兴发展、特色产业协同合作等方面开展调研,力求进一步发掘融媒体中心建设在带动和赋能乡村振兴方面的重要作用,探索实践经验,推动形成多主体参与、模式创新、可复制、可推广的联动合作新模式,构建县级融媒体中心赋能乡村振兴可持续发展的长效机制。

关键词:融媒体中心;乡村振兴;可持续发展;发展路径

一、引言

我国脱贫攻坚的战略部署为推动全球治理体系发展,实现社会公平发展贡献了中国智慧和中国经验。2017 年,党的十九大报告提出乡村振兴战略的重大决策部署。2018 年,习近平总书记在全国宣传思想工作会议上强调要扎实抓好县级融媒体中心建设,更好引导群众、服务群众,从国家战略层面提出了县级融媒体建设的发展方向。2020 年,习近平总书记强调,要接续推进全面脱贫与乡村振兴有效衔接,推动减贫战略和工作体系平稳转型,统筹纳入乡村振兴战略,建立长短结合、标本兼治的体制机制。

随着媒体融合的快速发展,以乡村振兴为核心的发展新态势对县级融媒体中心的工作提出了新要求,新闻舆论和宣传工作成为实现乡村振兴的内在动力,发挥着稳定思想、引领发展的驱动作用。以县级融媒体中心为核心,能够带动多方力量、多种手段综合发力,深度挖掘少数民族地区文化资源和旅游资源,开展新闻舆论宣传和电商直播等活动,引领和支持少数民族地区产业发展。这是缩小地区间发展差距,促进各地区全面发展的主要途径之一。因此,要落实好乡村振兴战略,县级融媒体中心就要进一步转变理念,创新工作思路,探索稳定、科学、可持续发展的路径。

本课题将归纳现有县级融媒体中心建设和乡村振兴发展的相关理论,结合科尔沁右翼前旗(后文简称“科右前旗”)的发展特点描述其融媒体中心的工作现状和经验,总结县级融媒体中心目前面临的主要问题和机遇挑战,提出进一步发挥县级融媒体中心作用、推动构建融媒体中心和产业发展协同创新的长效机制,尤其针对科右前旗本地发展特点,提出有建设性、可行性的政策建议。对县级融媒体中心的宣传成效、典型模式、能够推进产业发展和提升当地影响力的做法经验进行总结和讨论,探索新时代融媒体中心带动和赋能乡村振兴的新模式,这对于系统呈现新时代我国乡村振兴的发展理念、路径、经验等方面具有深远的指导意义。

二、文献回顾

(一)针对县级融媒体中心发展的研究

国家乡村振兴战略的实施、媒体融合到融合媒体的发展、乡土社会结构的变化等,对乡村传播的功能定位提出了新的要求。融媒体建设应转型升级,着重致力于新乡土社会人际关系建构、乡村治理效能提升、乡村群众生活服务、乡村文明建设守护等方面(周建新 等,2021)。县级融媒体中心作为内嵌于基层社会的公共平台,不仅通过一系列媒体融合实践整合基层治理资源,同时将分散多元的基层治理主体组织起来,促进公众对话和公共讨论,释放基层治理的协同力量(沙垚 等,2021)。县级融媒体正在逐步发展成为整合县级广播、电视、报刊、新媒体等资源,开展媒体党建政务以及增值服务等业务的融合型媒体平台。有学者将治理的视角引入县级融媒体中心建设研究,指出县级融媒体中心建设必须满足县域“善治”与“可控”的要求,将其作为县域治理的枢纽(张诚 等,2018),推动机构建设向社会融合发展。县级融媒体中心应以媒介社会治理的逻辑起点,切实承担起社会引导、社会服务、社会协商等基层社会治理职能(熊茵 等,2020)。在数字乡村战略背景下,应该以县级融媒体中心建设为重要支点,深刻把握县级融媒体与乡村治理的内在逻辑,扎实推进“互联网+新闻+服务”的运作模式,构建数字乡村治理多元协同的共建共享共治新格局,将县级融媒体中心打造成为新时代基层治理的智慧新平台(常凌翀,2021)。从政治传播学视角来看,县级融媒体中心的发展,不仅是国家治理的托底工程,也是中国基层治理结构的承重工程(王智丽 等,2020)。

可见,对于县级融媒体的研究已经突破了其本身的含义,在探讨其建设意义、建设现状、发展模式、创新路径的基础上,目前学界更加侧重于县级融媒体在基层生态、国家治理、服务百姓等方面发挥媒介治理功能的研究。

(二)县级融媒体中心带动特色产业发展的研究

亨利·詹金斯指出,融合既是自上而下组织推动的过程,也是自下而上消费者推动的过程。公众的社会参与是盘活媒体资源必不可少的助推剂,这种公众与媒体之间的联动和相互促进,正是融媒体机构本地化发展的体现。

我国县级融媒体在农村电商媒介动员中扮演的角色已经突破了原有的传统媒介动员中单纯的中介角色,还承担了动员主体、动员中介、动员客体等多元复合型功能,县级融媒体的媒介动员不仅是作为宣传中介进行议程设置,更是将参与动员作为媒介动员过程中的有效手段(叶明睿 等,2021)。融媒体中心组织开展直播带货,突破了其原有制作电视新闻的定位,改变了融媒体中心重视内容生产轻视传播形态的局限,实现了从内容传播到内容营销的视角转变。

在新闻传播领域,让部分农民作为新闻主体直接参与新闻生产,可以向更广泛的农民群众传播新闻与信息,最终形成人人参与、人人共享的社会治理格局(沙垚,2019)。有学者探讨了我国中央政府、地方政府、乡村青年等主体在促进乡村经济数字化发展和推动乡村振兴过程中的作用,发现回乡青年创业者是发展农村电商的重要力量,他们对电商行业的政策和市场环境有更高的敏感度,能够与乡村实现共同发展(赵月枝 等,2019)。基于县域网民群体特征及媒介使用习惯的调研发现,在引导对象方面,需要重点关注青年及"城乡两栖"群体;在引导内容方面,可结合乡村振兴战略发挥政策叠加效应,平衡好严肃议题与生活化表达的关系,贴近基层群众需求;在引导方式上,建议建立符合县域社会特点的网络舆论引导工作机制(谢新洲 等,2021)。

(三)县级融媒体与乡村振兴战略协同发展的研究

目前,扶贫与反贫困的理论日趋成熟,国际、国家、地区等各层面所推行的各种政策也在不断发展和完善。县级融媒体中心应因地制宜、因县施策,把融媒体中心建设与乡村振兴相结合,将"中央厨房"的中心化与"参与式传播"的去中心化有效结合,通过平台建设和横向融合、垂直融合、跨界融合,增强基层宣传阵地的传播力、引导力、影响力、公信力(韩鸿 等,2019)。

在实践方面,县级融媒体中心的发展也有很多成功的范例。例如:太仓市实现了

"一个平台高位协调,一个号码服务社会,一个APP管理城市",以融媒体中心建设为核心,全面提升社区综合治理效能,探索"新闻+政务服务商务"的新模式(张忠 等,2021);浏阳市融媒体中心实现与浏阳市数据资源中心的数据信息互通,建立了媒体资源智库,为政府开展科学决策提供保障。县级融媒体中心作为"媒介之力",能够促进产业兴旺的实现、促进生态宜居的推进、促进乡风文明的建设、促进治理能力的提升,是实现乡村振兴战略的重要组成部分(谭云明 等,2021)。

三、县级融媒体中心建设现状和实践总结

结合新时代脱贫攻坚工作的新要求,本课题以内蒙古科右前旗作为调查研究的对象,遵循"调研先行、实践探索、科学发展"的原则,依托中国传媒大学和当地政府建立起的共建合作关系,发挥自身的学科优势,在多次线上调研、专家访谈和资料收集的基础上,对内蒙古自治区科尔沁右翼前旗的融媒体中心建设、乡村振兴发展、产业协同合作等方面的现状进行重点分析,将融媒体中心建设与乡村振兴战略发展紧密结合,为当地发展和促进县级融媒体中心建设提供科学支撑。

(一)研究方法

本课题主要采用案例研究的方法,以远程参与式观察、深度访谈、二手资料为主要数据收集方法,多样化的数据来源可以确保信息之间相互补充、交叉验证,以提高案例的效度(Yin,2008)。综合考虑内蒙古自治区县级融媒体中心在发展程度、地理分布、经济发展、电商扶贫等方面的差异,重点针对科右前旗融媒体中心在新闻舆论宣传、参与电商发展、支持本地产业发展、推动乡村振兴落实等方面的措施和实施效果进行全面调查研究。

课题组与地方政府宣传部门、乡村振兴局等单位的管理者、中层干部、一线工作人员进行深度访谈,累计完成对15位访谈对象的谈话任务,获取一手资料。除深度访谈外,二手资料搜集也是本课题采取的重要信息搜集方法,课题组重点研究了科右前旗相关的二手资料,如科右前旗政府年度报告、招商引资资料、融媒体中心的组织结构和流程文件等。同时,课题组还搜集了融媒体中心公开发布的内容作品资料,包括新闻报道、短视频资料和图片新闻等,充分确保信息的充分性和准确性,为我们深入了解当地发展和融媒体中心转型过程提供了较好的数据支撑。

通过梳理县级融媒体中心建设的理论和研究视角,综合研判科右前旗县级融媒体中心的发展形势、现状问题、机遇挑战等,对未来县级融媒体中心在综合治理中发挥的作用,尤其是在带动乡村振兴战略发展方面的建议和对策进行分析。

（二）科右前旗的基本情况

内蒙古自治区科尔沁右翼前旗地处大兴安岭中段东坡。全旗所辖 9 个镇、3 个苏木、2 个乡、1 个种畜场，229 个嘎查村，是一个以蒙古族为主体、汉族为多数的少数民族边境旗。2020 年，科右前旗全面落实精准扶贫方略，通过中央单位定点帮扶、京蒙扶贫协作、省级领导包联、厅局帮扶等模式，累计投入扶贫资金 24.78 亿元，其中产业类扶贫资金 8.01 亿元，实施产业到户项目和特色项目 273 个，消除 177 户 505 人的致贫风险、121 户 325 人的返贫风险，顺利实现脱贫摘帽，如期退出国家级贫困县序列。

科右前旗新址的城市总体规划 30 平方公里，按照“山水家居、生态园林、民族文化、休闲度假”的城市发展理念，将建设发展成为一座山水园林型城市，科尔沁文化、满蒙文化、辽金文化、红色文化、游牧文化、农耕文化在这里交汇融合。科右前旗是自治区主要的农畜产品生产基地、国家级产粮大县、全国文明城市、国家卫生城市、国家园林城市、国家食品安全城市和国家生态文明建设示范旗。科右前旗以农牧业为主，近年来通过产业转型升级带动经济发展。前旗面向企业和农牧民精准施策，把贫困群众紧紧地吸附在产业链上，目前比较成熟的特色扶贫产业包括生猪、肉牛、中草药等。同时，科右前旗大力实施“全域旅游”战略，打造了“两线七点、两区三镇”为主的旅游框架，以“杭盖草原 · 心灵牧场”旅游品牌为核心，主要开发草原、牧区等自然资源以及少数民族特色文化资源，形成了以景区为依托、以城镇为载体、以交通为轴线的特色旅游经济板块，不断夯实文化扶贫的带动作用。

（三）科右前旗融媒体中心基本情况

科右前旗融媒体中心由中国共产党科尔沁右翼前旗委员会宣传部主管，由原县级电视台、《科尔沁时讯》（刊物）组建整合而成，旨在通过宣传报道为当地经济、社会发展营造强大的舆论环境，实现“新闻路上，你我同行”的目标。融媒体中心主要围绕旗委、政府中心工作开展相关宣传，以采编时政类新闻为主，具体包括报道领导参加的重要会议、政策宣传、主题教育、脱贫攻坚、项目落地、招商活动等新闻。同时，还采编民生民情类新闻、文化类新闻等，具体包括防疫要闻、“为群众办实事”新闻、榜样人物宣传、便民服务、天气预报、生活提示等。

随着媒体融合的快速推进，自 2019 年 9 月起，融媒体中心重点加强新媒体内容建设，将采编新媒体内容作为中心的一项重要工作，具体内容形式包括电视新闻、数字报、视频号、电商直播等，内容标签包括“新闻”“两会”“两会代表委员有话说”“草原”“乌兰毛都大草原”“早市”等，力求从新媒体角度，全方位、多角度展示前旗的政治生活、民生生活等。目前,官方开设的平台有微信公众号、视频号、抖音号、快手号等,如表1所示。

表1 科右前旗融媒体中心官方账号一览表(截至2021年12月)

平台	官方账号名称	认证部门	获赞量	关注量	粉丝量	作品量
抖音	科右前旗融媒体中心	科右前旗融媒体中心	35万	189	4.8万	1727
快手	科右前旗融媒体中心	科右前旗融媒体中心	——	5	1.1万	871
微信视频号	魅力科右前旗	中国共产党科尔沁右翼前旗委员会宣传部	——	——	——	——
微信公众号	魅力科右前旗	科右前旗融媒体中心	——	——	——	——

(四)科右前旗融媒体中心落实脱贫攻坚宣传的措施

1. 加强宣传力度,提高传播效果

当地政府能够统一思想,强化和提高对融媒体中心工作的支持,充分认识到新闻宣传推进乡村振兴的必要性和重要性。在精准扶贫战略指引下,科右前旗融媒体中心把落实脱贫攻坚作为重中之重,结合当地特色产业,重点加强对当地文化和旅游资源的开发和宣传工作,着力促进兴安盟旅游业的持续健康发展。在作品设计上,融媒体中心着力展现能够带动当地旅游业发展的面貌和独特风景,注重内容传播所带来的经济效益、社会效益和环境效益。以科右前旗融媒体中心抖音官方账号为例,已经推出的短视频作品既有展现现代生活工作中生态环境整治、产业发展集聚、产业链延伸等内容,还有风土人情、美食美景等内容,剪辑后以不同的形式对外发布。目前来看,美食美景类的短视频作品点击量是最多的,内容作品从拍摄品质到作品表达上,在新媒体平台上均具有一定的传播度和影响力(表2)。

表2 融媒体中心重要视频作品和活动效果一览表

发布时间	内容形式	活动主题	传播效果
2020年	短视频	醉人的科尔沁大草原绿海连天	在新华社网站发布后当天点击量突破150万,该视频点击量最终达到1.5亿次
2020年	短视频	乌兰毛都大草原美景的视频	在多个新媒体平台转载,该视频点击量超过1亿次,吸引很多游客前来旅游
2021年	短视频	八月来兴安盟看海	展现乌兰毛都大草原的风光,被16家央媒进行全网整合推送
2021年	直播带货	我在草原等你来,逛吃助农乐开怀	销售产品包括当地特产农畜产品、牛羊肉、奶制品、兴安大米、特色沙果、五谷杂粮等

2. 对接主流媒体，扩大传播影响力

融媒体中心通过与学习强国、新华社、央视频、快手等主流平台合作，实现短视频、图文类新闻、图集类图片等内容的发布和共享。主流平台拥有更强大的粉丝群和传播影响力，能够快速推动内容作品成为“爆款”。目前，爆款的短视频内容主要集中在乌兰毛都大草原的相关推送上，尤其在抖音、微博公众号上，这类内容的点击量、转发率、好评率都比较高。借助主流媒体平台的广泛宣传和系列推广活动，极大地提高了当地民俗文化、旅游业和特色产品的传播度，让更多受众能够获取脱贫攻坚和乡村振兴的相关信息，使大家更新观念，对当地文化和旅游特色有新的认识和了解，持续扩大信息的触达率和转化率，促进和推动当地经济及旅游业的发展。

3. 大力推进电商扶贫，对接特色产业基地

科右前旗政府高度重视电商扶贫工作，树立全局思维，注重整体谋划，明确和细化了电商产业、乡村振兴局、融媒体中心等部门的各自工作职责和具体任务。融媒体中心负责直播活动的组织和推广任务的落实，加强与特色产品生产企业之间的工作联动机制建设。立足科右前旗产业特点，全旗开展电商带货活动10余场，在特色农产品销售、宣传、推广等方面，产生了一定的影响力。北峰岭原麦粉荣获中国绿色食品博览会金奖，同样也成为直播带货中的“明星产品”，持续加快电商直播和特色产业双向升级，行业扶贫扎实推进。

（五）科右前旗融媒体中心宣传取得的突出成效

1. 融媒体中心带动旅游资源开发和少数民族经济发展

推介前期的旅游业发展是近年工作的一个重点，兴安盟也把全域旅游作为一项重要工作，要把科右前旗打造成内蒙古自治区的旅游示范旗，旅游业是当地重点发展的核心产业。通过挖掘当地文化，宣传那达慕文化、草原文化、饮食文化、内蒙古服饰文化等，持续推动民族文化的传播，民族传统文化的造血功能进一步显现。通过开发乌兰毛都草原核心旅游景区，在宣传内容上突出草原、林区、那达慕等元素，吸引八方来客，持续释放草原旅游和文化旅游的活力及吸引力。2020年，科右前旗共接待游客178万人次，实现旅游收入7.4亿元，这与草原题材短视频内容作品的“爆款”打造和传播是分不开的。科右前旗坚持“政府引导、社会参与、市场运作”的模式，多元拓展文旅会展等现代服务业，先后组织推广了“乌兰毛都草原文化旅游节”“察尔森冰雪渔猎文化旅游节”等九站式品牌节庆等活动。科右前旗推广以察尔森水库为依托的蓝色生态游、以乌兰毛都草原为依托的绿色草原风情游、以蒙东地区第一个红色党支部

为依托的红色文化游，正在逐步成为“中国新兴草原旅游目的地”，丰富了当地的文旅产品内容。2020年，科右前旗荣获博鳌国际旅游“年度非遗创新奖”，“巴音居日合乌拉祭”入选国家级非物质文化遗产名录。科右前旗融媒体中心对以上文化旅游节庆活动、新兴旅游资源、非遗文化进行了充分宣传，将符合乡村振兴战略实施的旅游开发项目进行重点推介，持续扩大当地文体盛会、节庆活动、文旅景点的影响力，丰富非遗相关文化产品的传播和销售，进一步实现了融媒体中心和文化旅游的协调发展。

2. 融媒体中心带动电商交易和直播能力发展

随着科右前旗商贸物流系统的成熟发展，融媒体中心大力开展电商交易和直播带货活动，发现乡村价值，成为驱动产业发展、消费升级、产品促销的新引擎。伴随着电商扶贫的逐步落地，在各级政府主导下，电商交易成为我国精准扶贫的重要方式之一。持续推动县级融媒体中心建设，也是推动电商进农村、电商扶贫工程等工作的具体举措。目前，县级融媒体中心正在与电商平台企业、当地产业化龙头企业、农民专业合作社、物流快递企业进行合作试点。2020年，兴安盟举办的“消费扶贫月展销活动”拉动消费1.3亿元，取得良好成效。尤其值得一提的是，融媒体中心牵头开展的“直播原产地”活动走进科尔沁镇开展带货合作，直播活动结束后，科尔沁镇的牛羊肉销售额达到了500万元。一方面，邀请当地创业成功的青年大学生走进直播间，发挥青年“网红”的能力和优势，将其作为融媒体中心的重点培育与合作对象进行深度合作；另一方面，邀请当地合作社的负责人参与直播，直接对蒙古刺绣产品、牛羊肉产品等进行推介，提升消费者对企业和产品的信任度、忠诚度。此外，该年度科右前旗在北京建成消费扶贫专区，使绿色农畜产品外销能力全面提升。2020年，科右前旗成为“国家级电子商务进农村综合示范县”，累计实现电商交易额4.55亿元，年均增长30%。加强县级融媒体中心建设，不论在提高当地旅游形象、扩大传播影响力还是在带动乡镇产业发展、促进贫困地区农民就业增收方面都有帮助，成为助力少数民族地区乡村振兴战略发展的亮点之一。

四、县级融媒体中心建设与乡村振兴发展面临的现实瓶颈

习近平总书记强调，全面实施乡村振兴战略的深度、广度、难度都不亚于脱贫攻坚，要完善政策体系、工作体系、制度体系，以更有力的举措、汇聚更强大的力量，加快农业农村现代化步伐，促进农业高质高效、乡村宜居宜业、农民富裕富足。科右前旗在脱贫攻坚、融媒体中心发展等方面取得了显著成效，科右前旗的贫困群众家庭现状得

到了有效改善。但是，在地理位置、社会文化、资源开发、制度建设等方面，由于主体自身条件的限制，仍存在着城乡发展不平衡、资源利用不充分、社会公共服务不完善、获取信息机会不均衡等情况，具体问题表现如下。

（一）信息渠道和优质内容还不够丰富

融媒体时代，微博、微信公众号、短视频平台等为内容作品的发布提供了丰富的渠道。科右前旗的融媒体中心成立的时间比较短，目前主要侧重于快手、抖音、视频号的短视频内容，信息传播的渠道和平台需要进一步拓宽，信息传播时间广度和空间广度不足，应持续加强对于新媒体技术的应用，移动端直播、H5 页面开发、人工智能问答、虚拟现实、大数据算法等方面从硬件到软件的发展，还需要融媒体中心尽快摆脱技术更新相对滞后的现状，主动适应技术发展，建立具备独特优势的专栏或品牌节目，鼓励多元化地发展原创内容，持续推动传播形式和内容的创新。目前，科右前旗官方公众号上的内容较为传统，尚需对本地新闻、本地资源进行“创新式”开发。信息传播分众化发展的趋势下，信息的内容定位和渠道选择应该更加精准，内容上需要不断创新突破，现有内容仍存在地方与民族特色文化呈现不足、地域同质化内容过多等问题，需要增加对当地内容的深入开发，面向目标受众，提供适应不同渠道和语境的作品，进而吸引更多受众关注。

（二）与主流平台的对接能力还需加强，互动需求应重视

县级融媒体中心面临“走出去”的问题，加强与中央媒体的对接是下一步的工作重点，在省级“中央厨房”项目和结对共建项目的支持下，县级融媒体中心应建立“中央+地方”的融媒体宣传矩阵。科右前旗的融媒体中心具有很强的本地特色，内容上与目标受众之间的黏性和针对性更强，应更加注重突出当地特色、推进精品内容生产、增强新闻的亲和力。除了短视频平台中的弹幕和点赞，还需要进一步创新互动模式，增强对受众日益增长的表达需求的回应，将受众表达作为助推内容创作的基础。线上的直播活动是增强互动效果的重要形式之一，那达慕、风筝节等节庆活动还没有实现线上直播报道，宣传内容的互动性尚需进一步挖掘。未来对于文旅项目、节庆活动等还要持续开展线上线下相结合、现场报道与电商服务相结合的探索。受众的意见反馈本身也是持续改进宣传工作的重要参考信息。

（三）宣传人才不足，培训适应性不高

县级融媒体中心的人员力量、技术培训还需要加强，现有人员灵活运用媒体技术

的素养还需要提升。融媒体语境下，每个人都是信息的传播者、创作者、再创作者，融媒体中心的创作内容仍是主体，专业人员的传播思维和视野相对局限，缺乏系统性的思维训练和专题培训。从社会文化角度来看，科右前旗地区部分群众仍然存在“等、要、靠”思想，部分村民观念依然比较保守，不愿张扬，对于内容作品的关注度和互动度不高，群众参与内容创作和信息传播的积极性不足，参与新闻宣传、内容拍摄和电商直播的比例更低，网络“大V”和明星主播尚需培育，还没有形成具有一定规模和辐射效应的“网红经济”。主流媒体和自媒体的发展之间存在较大差异，没有形成可持续发展的协同合力和宣传氛围。

(四)电商服务体系尚需优化

内蒙古地区主要的媒介形象标签为草原、牛羊、乳业等，同质化的产品和形象造成内蒙古各地的土特产品雷同。虽然科右前旗持续鼓励北峰岭面粉、科尔沁王酒业等农畜产品加工企业优化结构，但对于特色网货产品的研发、推广工作还需要进一步深化。科右前旗的公共服务资源还有待完善，对于农产品和土特产的产品创新、品牌建设、营销服务打造得还不够充分，消费扶贫、代销机制、宣传引流等机制建设和利益联结模式还缺乏系统性设计，这成为县级融媒体中心在带动乡村振兴发展的工作中的痛点和难点，也是在未来发展中实现融媒体中心与产业发展联动时需要解决的重要问题。

(五)旅游资源需进一步整合，旅游宣传创新力需提高

在以政府为主导的产业发展和区域品牌建设中，融媒体宣传、旅游资源开发和服务供给资源之间还没有形成系统治理的良性运行机制。由于现有的旅游资源较为分散，科右前旗作为前往呼伦贝尔大草原、科尔沁大草原的必经之路，相关配套的旅游服务和旅游公共服务设施还不完善。乌兰毛都草原周边的民宿、特色餐饮和服务等方面的开发尚需推动，旅游配套设施尚不完善，链条式管理相对粗放，还没形成比较系统的经济模式和宣传架构。如何进一步展现旅游资源开发的创新性成果和成效，是下一步文旅宣传工作的重点。

五、乡村振兴发展下县级融媒体中心的发展机遇

(一)乡村振兴战略的多重利好政策

2020年3月，习近平总书记在决战决胜脱贫攻坚座谈会上强调“要接续推进全面

脱贫与乡村振兴的有效衔接”，持续巩固脱贫攻坚成果，防止返贫。推进全面脱贫与乡村振兴的有效衔接，重点要抓好产业、人才、规划、组织、政策等“五个衔接”，尤其是政策红利方面，在资金、项目、技术、人才、金融、宣传等领域开展全方位支持，加上对口支援和帮扶的组织对接，将全面改善少数民族地区面貌，这也为科右前旗本地经济社会发展，为融媒体中心业务拓展，带来了新的发展机遇。

（二）消费市场延伸，消费需求向多元化、个性化发展

随着我国经济发展持续向好，居民收入水平提高，我国消费市场向多元、个性、高端方向演进，对农产品的需求向小型化、优质化、精细化转变，消费者购买农产品时更加倾向于购买量小、品质高，外形、颜色、味道精细的产品（张雯丽 等，2016）。伴随着互联网基础设施的完善和物流体系的建设打破了人们原有消费过程中的地域、空间、时间限制，更加有利于培育人们的新型消费习惯，为科右前旗的电商交易和网络销售的发展提供了新机遇。同时，对农牧产品进行重新定位和产品设计，使之更加适应网络化的销售方式，将有利于进一步实现产品和服务新的价值增值。

（三）基层政府数字治理能力提高

当前，各级政府都在积极落实政务信息系统建设，这使基层政府数字治理能力大幅度提升，政府与企业、公众之间的信息传播方式更加多元，并且能够实现多个层级的扁平化管理。因此，在推进县级融媒体建设和电商扶贫的相关工作中，政府应该大力促进多主体之间的信息高效交互，提高数字化管理运行效率，让信息传播和交流向更加高效、精准的方向转变。

（四）信息技术与新媒体技术的快速发展

在互联网信息技术的快速发展下，5G、人工智能、大数据等技术的广泛应用使农村网民规模进一步扩大，各个平台业务向基层渗透，加速了基层社会的结构变迁，也为县级融媒体中心的转型升级提供了新动能。在适应新媒体技术发展的同时，县级融媒体中心需要紧密对接内容的数字化、新闻内容的精准识别和报道、“中央厨房”式的内容分发体系等变革和发展趋势，深入挖掘政府、企业、家庭、个人参与乡村振兴建设过程中的典型事迹，树立宣传榜样，讲好少数民族地区的振兴故事，让乡村振兴工作具有更加广泛的群众基础和向心力。

六、县级融媒体中心引领乡村振兴的发展路径思考

面对艰巨且复杂的乡村振兴发展任务,提升县级融媒体中心建设是推进国家治理体系建设和现代化治理能力建设的重要环节之一。我国县级融媒体中心的核心功能不但包括新闻宣传和舆论引导功能、社会服务功能,同时还包括推进经济发展、引导政府服务群众等功能。融媒体中心将成为未来国家基层治理的重要枢纽,要加快推动县级融媒体中心建设,在媒体宣传工作、旅游形象传播、公共服务发展等方面需要系统性的创新治理,从经济、技术、管理等多个层面,统筹设计、制定方案、发布标准、多方参与,坚持高质量发展的思路,以期进一步发挥科右前旗融媒体中心的社会公共职能,突出其带来的社会效益和经济带动作用,为乡村振兴提供新的有力支撑。本课题针对考察过程中发现的问题、难点和需求,对县级融媒体中心的发展路径提出以下建议。

(一)在地视野:打造本土优质内容

在国家宏观政策引导下,在硬件建设上,政府应重点规划新基建项目,加强基础设施建设,为优质内容资源的传输创造基础条件。在软件和内容建设上,政府应充分发挥主导作用,注重吸收国内外融媒体中心建设和作品设计的典型案例,促进优质资源的整合和共享,多渠道充实内容资源。县级融媒体中心需因地制宜、量体裁衣,主动适应媒体生态和传播技术的发展,结合当地人文社会和媒体环境,深入挖掘本地旅游资源和民族文化特色,系统设计融媒体中心的定位和发展战略,始终将开发和创新优质内容作为高质量发展的核心竞争力,持续推出有思想、有品质、有温度、有深度,富有亲和力的内容作品。县级融媒体中心应充分利用在地资源,在议程设置和内容开发上,既能够对县直属单位、乡镇政府的动态发布、舆情传达、媒体形象建构进行深度报道,又能够对地文景观、水域风光、生物景观、天象与气候景观、遗址遗迹、建筑与设施、旅游商品、人文活动、自然保护区、森林草原、湖泊湿地等进行全方位、多渠道、创新型的宣传报道,充分挖掘和利用当地特色优势,让县级融媒体中心不仅成为离当地群众最亲近的媒体单位,还在更广泛的平台上传播少数民族文化和资源,让受众对差异化的社会文化和地域特征产生独特的吸引力,突出打造本土内容品牌。正如习近平总书记指出:“高度重视传播手段建设和创新,提高新闻舆论传播力、引导力、影响力、公信力。”

(二)纵深协同:加快上下游资源整合

在上游平台拓展方面,融媒体中心需建立联动化的渠道分众化传播流程,通过区域和组织协作,与主流平台建立战略合作关系,强化与央媒、省媒、地市级媒体之间的融合传播,形成与各级主流媒体之间纵向资源整合的合作模式,推动融媒体中心与市场化平台性媒体的合作,争取更多的媒体资源。融媒体中心要利用好生态,持续把长板做到无限长,将矩阵融合性传播的优势发挥到最大,逐步形成策、采、编、发全媒体全流程的工作模式。例如,多角度报道草原的美食美景,强化传播力度。通过建设"两端一微",以及在主流媒体平台上开辟"专栏推送""爆款推荐"等,持续扩大内容作品的曝光度和影响力,最大程度触及受众群,建立全区域统筹新闻、信息服务和文旅产业的运行机制。在媒体平台窗口,适当增加电商推介内容和链接,将舆论引导与电商服务相结合,促进受众从观看内容向电商产品购买、旅游观光产品购买等消费意愿方向转化。同时,官方平台应当开放评论区、讨论区等互动空间,对热门话题设置投票区,主动了解受众的声音,调动大家表达观点的意愿和主动性,形成持续激发当地百姓参与内容观看、互动评论的热情。

在下游资源推进方面,融媒体中心建设管理涉及社会学、行为学、管理学、旅游开发等多个领域,需要加强顶层设计,各部门之间协同配合、统合优势,以发展优质内容为主要目标,结合地域文化和技术平台现有资源,开展交叉研讨,由部分有实力的下级媒体直接承担内容制作,为融媒体中心发展提供智力支持和资源对接。应联合各产业部门的人才,集中研判传播内容,更深层地挖掘宣传资源,深度探索居民对内容作品的需求和态度,利用新闻宣传,持续发力,支持产业发展,讲好基层发展的故事,为乡村振兴战略落实提供新视野、新方法、新模式。

(三)强化培训:加强宣传队伍的建设

1. 加强对融媒体中心专业化人员的培训,培育网络"大V"和明星主播

政府宣传部门和融媒体中心应提供必要的资金支持和保障,加强对编导、摄像、主播、剪辑等专业力量的培训,培养具备新媒体使用技巧和媒介素养的复合型人才,激发专业工作人员的自主创造力,为融合传播、跨媒体传播奠定专业人才基础。在政府主导下,吸引企业、社会团体主动参与到融媒体中心的工作中来。一方面,融媒体中心应重点对接当地特色产品、文旅产品相关企业,招聘乐于参与宣传工作、具有一定业务技能的人员成为融媒体中心的兼职人员,提供资金补贴和技术服务,加强对潜在能够胜任宣传和直播工作的人员的培训支持,以视频会、观摩会、现场会等多种形式,组织专

门的视频拍摄、电子商务和电商发展培训。另一方面，打通融媒体中心与重点企业、核心家庭之间的联系，依托融媒体中心开展生态系统建设，提高多方参与的意识，培训当地具有一定知名度的主播给美食美景打卡，邀请主播参与电商直播等活动，汇聚流量资源，增强内容传播的亲和力和吸引力，形成多点多渠道开发宣传内容作品的工作模式和整体氛围。

2. 提高居民媒介素养，转变观念

要从根本上调动老百姓的积极性，改变贫困人口的陈旧观念，提高其生存技能、激发信心，培养他们努力脱离贫困、寻求致富的主观能动性，帮助贫困人口掌握基本的媒介使用技能和知识水平。政府要从激励机制、分配模式、培训支持、技术普及等方面进行顶层设计和系统谋划，采取流量补贴、新人礼包、每日特价、分享返现等形式，提高普通百姓参与宣传的科学视野、自主选择能力、媒介素养和营销思维，充分发挥他们在提升生活水平和特色产业引领方面的主体作用，引导其努力致富和参与宣传的内生动力。融媒体中心应结合自身特点和当地优势，带动当地旅游业、农牧业、手工业和民俗文化产业的发展。例如，传统手工艺与少数民族地区人民群众生活密切相关，融媒体中心可以牵头专门针对传统手工艺进行挖掘和推广，对当地居民发放宣传培训消费券，组织专业团队对奶制品加工、特色果干制作等手工艺技巧展示方面的视频制作进行培训，提高群众对传统文化、民族特色产品宣传价值的认识，吸引和发展更多的群众参与到自媒体建设中来，刺激运用自媒体的企业和个人发展，让群众实实在在通过技艺展示、内容传播、产品销售等方式增加家庭经济收入，从而帮助群众实现居家就业、就地创业。这种观念、思维、意识、能力上的全方位发展，将改变以往以外力推动、资源投入为主要手段的政府主导模式，让融媒体中心在乡村治理赋能、赋权、增能方面发挥更大的作用，让群众通过发挥积极性和能动性参与宣传和直播电商发展，这种实践模式的落实，将充分发挥文化传播“扶贫”“扶智”的功能。

3. 借助社会参与优势，扩大宣传影响力

县级融媒体中心要充分运用竞合思维，更好地利用社会资源形成更和谐、更完善的发展模式。科右前旗要重视与文化和旅游部的对接工作，培育宣传影响力，邀请“明星”代言文旅产品和电商产品，借助名人赋能，充分发挥行业协会、优秀文艺工作者在文化旅游宣传中的积极作用。通过文艺名家、知名演员、青年文艺人才的带动，宣传科右前旗的四季美景，助力其实现文旅发展目标，以期获得更大的经济效益和社会效益。

(四)电商战略:带动特色产业发展

1. 突出政府在乡村振兴战略中的主导作用

政府要深入挖掘融媒体中心工作的价值和意义,尤其是在电商直播中的作用。中小型企业要发挥“专精特新”方面的优势,提高技术、产品和服务的领先程度,这样才能在电商交易中形成差异化、特色化的品牌优势。大企业要利用已有的产品知名度,拓展形成产品品牌系列,针对不同的消费群体,提供更精细化、更个性化的客户关系管理模式,运用网络化的营销模式,大力发展社群营销、口碑营销等,培育消费者对品牌的忠诚度。大企业和小企业之间要相互合作,形成更加完善的产品研发、产品销售、产品推广、产品交易运营体系。

2. 建立健全公民参与宣传和电商直播的激励和分配机制

加强顶层设计,建立分层次、分类别的电子商务激励约束机制,建立完善的责任体系、政策体系、金融体系、考核体系、分配体系、监督体系等,促进中心、产业、家庭之间的资源共享,最终形成“政府+企业+融媒体中心+民间资源+家庭”多位一体的合作模式。

3. 增强融媒体中心与产业发展联动的常态与长效机制

企业要梳理现有农牧产品和特色文化产品,因地制宜选准特色产业,找到与市场对接最紧密、最精、最细的痛点去发力,针对电商销售的特点,创新产品设计和研发新产品。融媒体中心也要重点布局一两个点进行重点宣传,对具有少数民族特色的文旅产品、土特产商品进行展示、现场参观、电商直播等。例如,科右前旗正大力开发沙果林地,推广沙果种植,需要进一步挖掘沙果的产业链条,针对沙果品牌进行文创设计,制作沙果酒、沙果酱、沙果类的饮品和食品,研发沙果馅的月饼等。通过对沙果特产进行系统性的创新设计,实现旅游资源、产品资源、宣传资源、销售资源之间的联动。

4. 鼓励支持各县乡依据自身特点,发挥首创精神和能动性

融媒体中心应建立农村电子商务工作激励约束机制,与各县乡开展直播合作,激发各地参与电商的积极性。对电商扶贫的政策体系、目标体系、工作体系、产业联动机制不断进行完善,提高宣传和电商直播等工作的可持续性,充分发挥融媒体中心的带动引领作用和在防止返贫任务上的先天优势,探索不同资源禀赋和发展阶段下的舆论宣传工作体系,全方位确保乡村振兴的发展效果。

（五）文旅产业：深挖资源，做好配套服务

在乡村振兴战略下，文旅产业发展战略应从单一的经济维度向文化建设、治理能力提升、生态旅游、特色产业发展等多维度转变。融媒体中心为旅游产业各个环节提供服务、加强宣传的过程，也是吸引、保持、转化受众注意力的过程，通过新闻宣传带动游客资源、经济资源的聚集，也将使乡村振兴战略的落实更加有力。以打造“中国新兴草原旅游目的地”为目标，政府各级主管部门应加强对新（改、扩）建旅游景区、旅游村镇、乡村旅游接待户、旅游综合体以及旅游公共服务设施的建设力度，进一步提高民族文化景区服务水平和能力，合理布局旅游服务站点和电商服务站点，由点及面，形成网状的服务网络和宣传网络。通过完善覆盖面和功能，拓展宣传资源供给力度，充分展现当地旅游发展新面貌。应建设草原旅游观光驿站，做好沿途旅游资源开发，加强“第三产业”，尤其是旅游服务业升级，加强网上旅游平台建设，与融媒体宣传形成联动，为游客提供最大程度上的便利，充分发挥“路过经济”的带动作用。要充分挖掘草原文化旅游节、兴安盟那达慕、乌兰毛都民宿等节日活动的素材，继续承办好兴安盟那达慕，创新举办“札萨克图冬韵”“札萨克图味道”等草原文旅活动，持续让乌兰毛都草原文化旅游节升温，推动旅游与农牧业、文化、教育等产业深度融合，增强产品吸引力，拓展旅游发展空间。融媒体中心应通过短视频、图文、直播等丰富的传播手段和渠道，让这些文旅活动、地域资源、民族特色活动充分传播出去，促进前旗“人气”聚起来、“名气”提起来，让“杭盖草原·心灵牧场”的旅游品牌形象更加深入人心，引领草原旅游成为新时尚。

七、结语

2021年，中央一号文件《中共中央国务院关于全面推进乡村振兴加快农业农村现代化的意见》中，再次强调“建强用好县级融媒体中心”。推进县级融媒体中心与乡村振兴协同发展，成为加强基层治理的重要任务。县级融媒体中心的建设对于巩固和提升已有的脱贫攻坚成果、扎实推进乡村建设、加快落实生态发展战略、提升公共服务综合治理水平、巩固乡村振兴发展成果意义重大。作为乡村振兴最重要的发展力量之一，县级融媒体中心需要树立生态化发展思维，以平台搭建的形式将多元基层治理主体协同起来，切实提高贫困地区人口媒介素养，加强传播能力建设，加快推行乡村绿色发展方式，展现新农村的综合治理成果，继续传承和发扬地区特有的文化传统和优秀的文化成果，健全和完善现代化乡村治理体系，实现经济效益和社会效益的协调发展，

永远坚守引导群众和服务群众的发展使命。

（赵丹，中国传媒大学传播研究院）

参考文献

常凌翀，2021．县级融媒体创新数字乡村治理的内在逻辑与推进路径[J]．中国出版(14)：37-41.

韩鸿，丁继楠，2019．县级融媒体中心建设面临的问题与破局方向[J]．电视研究(5)：7-10.

沙垚，2019．新时代中国特色新闻学体系建构与乡村实践[J]．厦门大学学报(哲学社会科学版)(2)：120-125.

沙垚，许楠，2021．融合人民：县级媒体融合与基层协同治理[J]．新闻与写作(5)：29-35.

谭云明，黄瑜娜，2021．县级融媒体中心建设：乡村振兴战略实施路径选择研究——以湖南株洲地区为例[J]．中国出版(4)：38-41.

王智丽，张涛甫，2020．超越媒体视域：县级融媒体中心建设的政治传播学考察[J]．现代传播(中国传媒大学学报)，42(7)：1-6.

习近平．在决战决胜脱贫攻坚座谈会上的讲话[EB/OL]．(2020-03-26)[2021-11-20]．http://www.gov.cn/xinwen/2020-03/06/content_5488151.htm.

习近平．在全国脱贫攻坚总结表彰大会上的讲话[EB/OL]．(2021-02-25)[2021-08-29]．http//www.gov.cn/xinwen/2021-02/25/content_5588869.htm.

谢新洲，杜燕，2021．县级融媒体中心舆论引导的三个核心问题：对象、内容与方式[J]．现代传播(中国传媒大学学报)，43(10)：26-30.

熊茵，刘丹，2020．县级融媒体中心社会治理功能及“媒介化”实现路径[J]．中国出版(18)：26-29.

叶明睿，陈桂川，2021．分担、共享与互促：县级融媒体在农村电商发展中的媒介动员[J]．现代出版(5)：56-61.

张诚，朱天，齐向楠，2018．作为县域治理枢纽的县级融媒体中心建设刍议——基于对A市的实地研究[J]．新闻界(12)：27-32.

张家榕．直播带货，带的更是县级融媒体建设思路[EB/OL]．(2020-06-10)[2021-06-01]．https://www.thepaper.cn/newsDetail_forward_7787100.

张雯丽，沈贵银，曹慧等，2016．“十三五”时期我国重要农产品消费趋势、影响与对策[J]．农业经济问题，37(3)：11-17+110.

张忠，徐静，2021．海纳百“船”，打造太仓融媒“服务号”[J]．传媒(6)：25-27.

赵月枝，张志华，2019．跨文化传播政治经济学视角下的乡村数字经济[J]．新闻与写作(9)：12-20.

中国文明网．县级融媒体中心建设规范[EB/OL]．(2019-04-15)[2020-04-01]．http://www.wenming.cn/xjrmt/fg/201904/t20190415_5076548.shtml.

周建新，包圆圆，2021．融媒环境下乡村传播的功能转型及其路径创新[J]．现代出版(1)：56-60.

YIN R K，2008．Case Study Research：Design and Methods[M]．CA：Sage Publications Inc.

内蒙古科尔沁右翼前旗草原文化旅游发展路径与对策

刘京晶

摘要：本文通过对内蒙古科尔沁右翼前旗草原文化旅游发展的资源禀赋、发展现状的全面深入分析，总结当地草原文化旅游发展的瓶颈，并有针对性地提出创新发展的建议，为推动地方草原文旅发展提供帮助。

关键词：科尔沁右翼前旗；草原文化旅游

一、绪论

科尔沁右翼前旗（后文简称科右前旗）位于内蒙古自治区东北部，地处大兴安岭南麓，西北与蒙古国接壤，位于科尔沁草原腹地，拥有8000平方公里无污染、无鼠害、无沙化的山地草甸草原。全旗总人口约40万人，其中蒙古族人口占45%，是一个以蒙古族为主体、汉族为多数的少数民族边境旗。独具的草原文化是科右前旗特色资源，其深刻内涵、独特魅力和广泛影响力为科右前旗特色旅游业发展提供了深厚的文化底蕴，为打造草原文旅品牌和产品提供了强有力的文化支持，是吸引投资、消费群体的重要资源优势，是调整产业结构、转变增长方式、发展第三产业的有效途径，对地方经济发展具有重要推动作用。草原文化的挖掘利用与旅游业之间如何实现多元互动与可持续发展成为促进当地经济和文化发展的重要议题。

草原文化主要指长期生活在我国北方草原地区的各民族共同创造和发展起来的带有民族特点的文化。从地域来看，不同地域的草原文化姿态各异、各具特色。目前，草原文旅产业发展较为成熟的呼伦贝尔走上草原森林旅游之路，锡林郭勒提炼出“中国马都”旅游品牌，二者为草原地区文旅发展提供了良好的示范。科右前旗与前两者又有所不同。首先，草原文化禀赋不同，乌兰毛都草原属科尔沁草原北部丘陵山地草场,是世界上少有的无污染、无鼠害、无沙化的草原,生态资源独特;科右前旗还是科尔沁文化、满蒙文化、辽金文化、游牧文化和农耕文化交融之地,文化底蕴深厚。其次,行政区划和发展情况不同,科右前旗是刚刚实现脱贫摘帽的旗县。本文立足发挥草原文化社会功能和经济功能,系统分析科右前旗草原文化及产业发展情况,提出科右前旗草原文化旅游发展的建设性对策,对推动科右前旗经济发展具有现实意义,并对全国类似地区形成示范效应。

目前,相关的研究主要聚焦于以下领域:第一,以科右前旗为主题的相关研究。一些研究者专注于蒙古族服饰文化、蒙古族语言文化、绿地规划、草产业、地质特征与自然资源等单一领域探究科右前旗文化保护传承与产业发展。也有研究者从县域经济发展的角度,运用生态足迹模型尝试解决农牧业发展、民生、生态环境保护和区域经济合作等方面的问题,提出科右前旗县域经济发展要依托草原资源和民族文化底蕴,把发展民族文化旅游业作为重点(杨昊,2014)。少数研究者从基础设施建设、草原文化融入、全域旅游、旅游产品开发、旅游宣传推介等方面提出科右前旗旅游业发展思考(白海霞 等,2020)。第二,草原文化与旅游融合发展研究。多数研究者聚焦于草原文化旅游产品开发,分析产品开发的问题,致力于探索草原文化旅游产品开发新模式。一些研究者阐述了草原文化的内涵、主体、遗产形态和经济特征等,将目光投射到以草原文化为核心的文化产业发展战略制定上,致力于将文化的社会价值转化为旅游产品的经济价值的研究(玉玺,2007)。一些研究者综合多方因素,提出政府引导、草原文旅品牌打造、人才培养等措施探索草原文化产业与旅游业互动发展(包阿优喜,2011)。从整体上看,草原文化旅游发展策略研究的数量较少,且侧重于产品开发方面,视角较为单一,同质化研究较多,制约了学术创新。科右前旗乌兰毛都草原素有"心灵牧场"的美誉,其生态文化和衍生的民俗文化等在我国草原文化中具有代表性和典型性。但目前关于科右前旗草原文化旅游发展路径的研究较少,侧重于单一资源禀赋的保护传承与发展研究,对旅游业发展探究较少,且主要集中在经验总结、现象描述的层面,缺乏对科右前旗草原文化资源的深度挖掘和整体梳理,缺乏理论思辨和规范、科学的研究方法。

二、科右前旗草原文旅发展条件评析

(一)优势条件

1. 地缘优势明显

科右前旗位于内蒙古自治区东北部,地处大兴安岭南麓,西北与蒙古国接壤,边境线长 32.5 公里(陆界 29.4 公里、水界 3.1 公里)。科右前旗在国际上属于东北亚经济圈内,是中俄满洲里口岸的主要路径之一,中蒙阿尔山—松贝尔口岸的物流通道和货物集散中心。科右前旗位于乌兰浩特市北部,阿尔山的南部,是乌兰浩特大旅游圈和阿尔山旅游圈的连接点,距乌兰浩特机场 17 公里,具备靠近盟府核心客源市场的优势区位条件。科右前旗是进入阿尔山的必经之路,具有发展“过路经济”的机会,同时可以有效利用盟府城市的便利交通,为乌兰浩特城市人口的环城游憩服务。

2. 旅游资源总体基础较好

旅游资源是旅游产品与旅游景区的物质载体,定性评价对科右前旗旅游资源的类型、分布特征、空间组合进行分析,明确其资源核心优势和劣势,为开发优势资源、制定合理的空间布局和优先开发项目指明方向。

科右前旗地处大兴安岭中段东坡,有中低山、丘陵、沟谷三个地貌类型;平均海拔高度 500 米—1500 米,沟谷底部标高 300 米;依次为农区、半农半牧区、牧区。科右前旗的旅游资源基础总体较好,乌兰毛都草原一望无际,令人神往;归流河、洮儿河九曲蜿蜒在科右前旗境内;民族风情古朴浓郁、多姿多彩;红色文化底蕴深厚。这些共同组成了科右前旗丰富多彩、种类繁多的旅游资源,科右前旗具备发展旅游所需的资源基础。

(1)草原资源优势突出

科右前旗位于大兴安岭中段东坡,翻越大兴安岭即是内蒙古高原,地貌类型以中低山、丘陵和沟谷为主。受旗内地貌类型多样化影响,境内植被类型多样,森林覆盖率 33%。前旗水资源丰富,达 16.2 亿立方米,有大小河流 167 条,大小水库 6 座。科右前旗草场属较湿润的草甸草原,有“五花草塘”之美名,极具开发潜质。特别是乌兰毛都草原,总面积达 8000 多平方公里,是无污染、无鼠害、无沙化草原。索伦河谷草甸草原是优良的天然割草场,植物种类丰富,是草原生态旅游极好的依托资源。

(2)草原文化底蕴深厚

科右前旗是以蒙古族为主体、汉族为多数的少数民族聚居区,由蒙古、汉、回、满、朝鲜等十余个民族构成。民俗文化以蒙古、满民俗风情为主,具有蒙汉相融、蒙满结合,以畜牧业为主的生活生产方式和民俗风情。科右前旗位于蒙元文化走廊,是科尔沁文化的重要组成部分。而科右前旗北部大片草原处于草原与森林交接地带,周边相对开阔,草场资源丰富,是北方少数民族的游猎地,该地形成以蒙古文化为主体、多元文化共存的中心。

(3)自然资源与文化资源融合良好

自然资源与文化资源结合紧密是科右前旗旅游资源的突出特点，旗内本地的生态资源与人文资源构成互补式的组合，丰富了资源内容。从整体资源来看，此地自古就是少数民族繁衍生息之地，壮美辽阔的草原风光、刚勇的游牧精神、强悍豪爽的民族性格、多姿多彩的民族风俗形成草原生态的文化底蕴。从局部资源来看，索伦曾是一代天骄成吉思汗与女真人角逐的疆场、成吉思汗圣旨金牌的发现地，遗存有规模宏大的金界壕军事防御工程，同时也是康熙皇帝游玩狩猎之地。乌兰毛都草原至今仍保留着传统游牧民族的生活生产方式，蒙古包、民族服饰、节庆活动等共同构成蒙古民俗风情；满族屯则呈现出满、蒙古、汉民族融合的独特习俗。

（二）劣势因素

1. 资源同质性

内蒙古自治区草原旅游是全区的主体和形象品牌，全区已形成五大旅游区。科右前旗地区草原旅游面临锡林郭勒草原、呼伦贝尔草原的近域竞争，以及通辽、赤峰的区外客流拦截。在周边景区强大的资源优势下，科右前旗的草原旅游要想突出重围，实现与周边草原旅游产品的差异化发展，必须从定位、形象、产品开发上实现差异化、创新化开发，走出一条特色化、差异化的道路，通过挖掘自身文化特色，增强整体竞争力。

2. 旅游开发对生态环境的挑战

旅游开发不仅带动住宿业、餐饮业、交通运输业等方面的大力发展和提升，旅游发展的同时势必会对科右前旗脆弱的草原、河流生态环境构成巨大威胁，因此在发展旅游的同时，需要处理好旅游与环境保护之间的关系。

三、科右前旗草原文旅发展现状分析

（一）发展情况

“十三五”期间，科右前旗的旅游接待人数达979.19万人（次），旅游收入达81.47亿元。2021年1—11月，科右前旗的旅游接待人数达195.1万人（次），旅游收入达8.23亿元。

1. 旅游产品体系初步建立

近年来，旗党委、旗政府以乌兰毛都草原旅游为核心，以“打造中国新兴草原旅游目的地”为总体目标，全力推进乌兰毛都草原旅游开发建设，同时实施了4个特色小镇项目,辐射带动全域旅游发展。草原旅游方面,科右前旗政府在乌兰毛都草原建设了金马鞍景区、乌兰毛都草原旅游观光驿站、乌兰毛都民族传统体育训练基地、玛拉沁乐园、乌兰毛都蒙古族民宿、绿水民宿村、乌兰毛都赛马馆等项目,此外,金马鞍景区正在按照创建国家4A级景区的标准继续扩建。以草原高端旅游休闲度假区为目标打造的乌兰毛都草原旅游核心区重点项目正在建设中。在城区,科右前旗建有雪村滑雪场,有效激活了冬季旅游市场。科右前旗建设了集餐饮、住宿、娱乐、游览于一体的科尔沁塔拉城中草原项目,与乌兰毛都草原相呼应,致力于打造兴安盟人的"会客厅"。

2. 旅游配套基础设施逐步提升

旅游交通体系和标识引导体系逐渐完善。随着旅游道路的修建,通往旗内景区景点、重要旅游目的地的旅游公路基本畅通,旗内旅游景区道路交通标识牌正在走向全面覆盖,景区景点、旅游大交通沿线厕所全部改为水冲式旅游厕所,全旗所有景区景点、特色餐饮饭店、住宿场所、特色旅游商品销售场所实现了高德、腾讯、百度手机导航系统全覆盖,旅游服务质量和游客满意度得到有效提升。

3. 节庆旅游初见成效

科右前旗坚持举办文旅节庆活动,促进"文化+旅游""体育+旅游""农业+旅游"融合发展,已形成一定规模和影响力的有科尔沁民歌节、桃合木弓箭会、内蒙古草原马拉松等。兴安盟那达慕大会作为盟级规格的品牌旅游节庆活动,科右前旗已连续承办3年,有效实现了节庆活动聚人气、汇商气,提升地区旅游品牌影响力的效果。

(二)存在的问题

1. 旅游产业基础薄弱

目前,科右前旗已开发的旅游景区大部分属于观光游览型,开发层次浅,旅游产品结构单一,游程内容单调;缺乏生态旅游、养生养老旅游、健康医疗旅游等新兴业态,缺乏精品个性资源。旅游季节性明显,旅游旺季时间比较短,受阿尔山旅游的季节性影响,外地游客进入兴安盟地区处于"井喷"状态。游客集中在夏季6—8月,而五一和十一两个旅游黄金周游客增长的幅度并不大。

2. 旅游消费黏性不足

科右前旗目前以过境旅游为主,游客主要以阿尔山、呼伦贝尔、赤峰、通辽、黑龙江等地为主要旅游目的地,科右前旗仅作为旅游交通中转站,多以留宿一夜、一日游为主,客源截留性不足。游客多以科右前旗周边居民为主,外省游客客源地主要来自黑、吉、辽和京、津、冀环渤海地区。科右前旗的旅游消费水平偏低，2011 年—2018 年平均单人次创造旅游收入仅为 655 元，远低于全国 1024 元的人均旅游消费水平。

（三）问题分析

1. 旅游发展定位不明晰

通过调研、访谈发现，科右前旗对中央和内蒙古自治区相关旅游发展政策掌握不准、分析不透、缺乏研判，对上级政策和专项资金争取不足，对周边区域社会经济环境缺乏深入了解，对科右前旗草原文化旅游发展现状及发展潜质缺乏深刻分析，文旅发展的顶层设计未进行科学有效的谋划，导致发展定位不清晰、不准确，无法从同质化的草原旅游资源中脱颖而出。

我国许多地区都开发了草原旅游，已形成规模的草原旅游区有北京的康西草原，河北的坝上草原，内蒙古的乌兰察布、呼伦贝尔、科尔沁、鄂尔多斯、锡林郭勒等草原旅游区，以及甘肃祁连山、新疆天山、四川红原和青海的部分旅游点等。

总体来说，国内草原旅游具有以下特征：首先，游客对于目的地的选择方面，草原旅游资源具有广布性和相对集中性，游客倾向于选择某区域内资源级别高、市场号召力强的目的地；其次，游客在草原旅游的偏好上以草原观光、休闲、度假及少数民族风情体验为主，兼有草原探险、摄影等特种旅游；最后，游客停留时间短，一般停留 1—2 天，喜好的活动包括品尝蒙古风味美食、骑马、拜祭敖包，观看赛马表演、蒙古式摔跤表演，观赏蒙古族歌舞表演及篝火晚会等活动。

针对国内草原旅游的市场特征，需要寻找草原市场缺口。科右前旗周边草原资源丰富，包括呼伦贝尔、锡林郭勒、通辽、赤峰草原，市场发育较成熟。从远程来看，要吸引未经草原资源富集区而进入兴安盟的游客，或科右前旗的过境游客，为他们提供餐饮、购物等必要的中转接待服务，将草原产品作为其游览内容的互补板块；从近程来看，可通过科右前旗草原吸引其辐射范围内的游客。此外，需要从草原产品上寻求突破。科右前旗周边的草原在面积和品质上都有优势，因而科右前旗的草原产品须立足特色化、个性化，以主题度假庄园为主，提升产品品质和体验深度。

2. 地方财政支撑不足

科右前旗属于老少边穷地区，2019 年 3 月才脱贫摘帽，退出国家扶贫重点旗县序列。全旗地区生产总值不足 100 亿元，城镇化发展缓慢，未达到工业化水平。科右前旗财政困难，多元化旅游投融资体系未建立，交通设施和旅游服务设施的建设明显滞后。旅游业发展的前期投入巨大，科右前旗当前面临严重的资金短缺。

3. 专业人才队伍匮乏

由于全旗产业基础薄弱,无法吸引专业人才来旗就业。科右前旗所在的兴安盟,全盟仅一所专科高校——兴安职业技术学院,该校虽设有旅游和文化系,但教学水平有限,导致该地区文化旅游规划、运营、管理等专业人才匮乏,从业人员水平偏低。

(四)发展机遇

1. 区域一体化发展趋势明朗

科右前旗所在的兴安盟作为中蒙俄经济走廊上的重要节点,应借助"一带一路"区域合作平台主动发展与其他国家的经济合作伙伴关系,形成命运共同体,推动科右前旗的旅游发展。此外,科右前旗应依托内蒙古大兴安岭绿色经济片区建设,加大与蒙、俄、东北亚地区的交流合作,推动旅游区域融合,大力拓展科右前旗的旅游市场空间。同时,依托"乌阿海满"区域旅游一体化发展区,打破行政壁垒,促进科右前旗城市能级提升和旅游客源拓展。

2. 产业政策利好

科右前旗在2021年被确定为国家乡村振兴重点帮扶县,各级政府专项帮扶资金和产业振兴资金在"十四五"期间将有力保障科右前旗提升旅游基础设施水平、完善旅游产业业态。此外,兴安盟制定成为"国内重要旅游目的地"的发展目标,推动全域旅游示范区的创建,为科右前旗草原文化旅游发展提供了良好的产业环境和政策保障。

3. 人才短板有效补齐

2019年,中国传媒大学作为新增中央定点单位帮扶科右前旗。作为国内著名的传媒领域高校,其在科右前旗设立"中传创扶"帮扶平台,助力草原文旅产业发展。中传建立的2个旅游文创帮扶车间,开发了蒙绣表情包创意口罩、喜马拉雅联名"蒙小马"马头琴智能音箱、"蒙小马乌兰和毛都"表情包、萨日朗蒙绣保健枕等系列文创产品,推动手工艺企业和合作社发展壮大;为兴安盟家禾米业有限公司打造中传稻意博物馆,成为农旅融合的示范点;举办的"中国草原文化旅游发展论坛"成为品牌性活动;开设的"中传书院"为科右前旗各级干部、从业人员开展文化旅游的专题培训。随着中传对口帮扶工作不断推进,将为科右前旗文化旅游专业人才培养提供源源不断的动力。

四、科右前旗草原文化旅游创新发展路径

针对科右前旗的草原文化旅游优势、文旅产业中作为经济增长极的发展重点和亟待解决的问题，研究者应聚焦发展理念转变、发展政策引导、发展模式创新、文化资源挖掘、特色品牌打造、精品项目开发、产业发展重点、人才培养等重要领域，并提出可持续发展的对策建议。笔者的建议如下。

（一）优化草原文旅顶层设计

1. 明确旅游产业发展模式

旅游产业发展模式是指在特定的时期内，在一定的社会经济条件下形成的一个国家或地区旅游产业发展的总体方式。从成长调节机制的视角来看，旅游产业主要有政府主导型和市场主导型两种发展模式。

政府主导型旅游产业发展模式是指由政府通过制定各个时期旅游业发展规划和产业政策来干预旅游经济发展的一种发展模式，包括规定旅游业发展目标、发展战略以及各种对策和措施等。政府主导型旅游产业发展模式的产生具有两个重要前提：一是有国家干预和控制经济的历史传统；二是短时期内有加速推进旅游产业成长的战略目标。市场主导型旅游发展模式则是指以市场为主要动力来推动旅游产业成长与演变的一种模式。旅游经济的发展主要依靠产业内部的自均衡、自调节过程；政府的作用是间接的和辅助的，是通过一定的市场参数进行的；国家政策对旅游产业的影响主要侧重于旅游需求方面。

科右前旗要充分发挥政府和市场各自的优势，形成“政府+市场”的旅游产业发展模式，探索创新特色政策，完成协调工作机制，构建高质量的发展纽带。

2. 创新政策体系

科右前旗应加强区域旅游合作，创新区域旅游开发、营销、管理、服务机制和平台；加强科右前旗与乌兰浩特市、阿尔山市跨行政区域旅游资源开发的协调整合，建立利益共享、风险共担的联合开发机制，破除各种影响旅游要素合理流动的地区封锁，重点打造乌兰浩特—科右前旗—阿尔山草原文化旅游带；加快推进交通一体化，减少公路收费环节，建设无障碍旅游区。

针对文旅发展现实特点和未来需求，科右前旗应重点落实如下政策：一是文旅产业发展政策，抓住乡村振兴的政策契机推动文旅重大项目建设，通过龙头项目带动全

旗旅游发展;二是改革试点政策,如农旅、牧旅融合产业转型试点及旅游帮扶试点等;三是土地改革政策,探索旅游"一地多用"方式、形成规模用地指标,实现旅游发展、土地利用的双优化;四是区域性政策,充分利用中央支持内蒙古发展、支持边境地区发展等区域政策;五是社会公共政策,如遴选重大旅游基础设施项目,申报国家服务业发展引导资金等。

在完善政策工具箱基础上,科右前旗需要深化旅游与相关要素的联动发展,重构全旗旅游发展新平台;深化旅游产业与大资本集团的合作,建立投融资战略合作伙伴关系;推动旅游产业与旅游业相关大集团建立战略合作伙伴关系;推动旅游产业与相关区域建立区域战略合作伙伴关系;推动旅游产业与关联部门建立战略合作伙伴关系;推动旅游产业与社会知名媒体建立战略合作伙伴关系。

3. 完善规划体系

科右前旗应将乌兰毛都大草原的旅游发展规划融入经济社会发展、城乡建设、土地利用、基础设施建设、生态环境保护等相关规划中;编制乌兰毛都大草原旅游发展总体规划以及特色村寨、公共服务、市场营销等专项规划,形成层次分明、相互衔接、规范有效的"多规合一"规划体系;建立旅游项目储备库,逐步构建梯次接续的旅游发展新格局。

4. 优化旅游布局

进一步发挥草原资源在旅游发展布局中的基础地位,建设以 8000 平方公里乌兰毛都大草原为依托,以核心旅游名镇为引领,以重点景区(点)为支撑,以特色线路为脉络的"一核三轴多点"乌兰毛都大草原旅游发展格局。"一核"即加快乌兰毛都草原文化旅游名镇建设,逐步打造乌兰毛都大草原游客集散中心和草原核心景区;"三轴"即高标准建设科尔沁—乌兰毛都、桃合木—乌兰毛都、黑羊山—满族屯—乌兰毛都 3 条精品旅游线路;"多点"即同步启动黑羊山、宝格达山、桌子山等重点景区(点)创建工程,打造一批特色村寨,建设一批自驾车营地、旅游驿站等。如此,形成龙头带动、多点补充、各具特色、优势互补的游线体系。

(二)打造优质草原文化旅游环境

1. 完善草原文化旅游交通服务体系

编制《乌兰毛都大草原文化旅游交通规划》,改造提升桃合木—乌兰河—乌兰敖都—特门—满族屯旅游公路,新建乌兰河至 302 国道、乌兰敖都至绿哈线等道路,全面改善乌兰毛都大草原的通行条件,解决游客"从哪来、怎么来"的问题。启动乌兰毛都大草原旅游引导标识体系建设，重点旅游场所应规范使用符合国家标准的公共信息图形符号。将旅游公路、景区(点)、餐饮住宿场所和玛拉沁艾里等推入高德地图和百度地图，开发GPS导航系统，开发AR实景导航，为游客提供方便快捷的导航服务。完成沿线无名路注名工作，在砂石路、土路、骑行和徒步道路等特殊路段设置必要的安全防护措施。根据实际需求，优化旅游大巴班次，在主要旅游公路沿线合理布设服务区、观景台、自驾车和旅居车营地等旅游服务设施。鼓励汽车租赁公司优化经营网点布局，扶持牧民发展勒勒车队、马帮等特色交通方式。

2. 完善草原文化旅游硬件服务建设

把旅游基础设施、公共服务设施建设作为政府扩大内需、增加投资的重要内容，重点解决旅游道路、旅游厕所、景区停车场、游客服务中心和旅游安全设施方面的问题。以乌兰毛都草原风景区为核心，建设一处高品质蒙古大营，改造一批传统蒙古大营，提升乌兰毛都大草原旅游整体接待能力。实施"旅游厕所革命"，改造50座标准化旅游厕所，实现临街临景单位、对外服务场所的厕所免费开放。在特门嘎查、勿布林嘎查、桌子山、黑羊山等地建设旅游驿站，为游客提供系统咨询和配套服务。

3. 完善草原文化旅游软件服务建设

实施旅游信息化提升工程，完善旅游信息基础设施，以信息化推动科右前旗的旅游业跨越式发展。加快科右前旗旅游综合数据库建设，完善旅游目的地信息系统。加强旅游公共信息服务平台建设，健全旅游信息服务网络。大力发展旅游电子商务，鼓励旅游企业开展旅游在线服务、网络营销、网络预订和网上支付，支持有条件的旅游企业建立覆盖面广的旅游呼叫中心。大力实施"智慧草原"工程，开发乌兰毛都大草原APP，完善旅游宣传咨询、网络预订、产品推介、导览、导游、导购、导航、分享评价、定制旅游等智能化文化旅游服务系统，重点涉旅场所实现WiFi、通信信号、视频监控等全覆盖，实现"一机在手，畅游草原"。引进国内知名文旅企业和自治区内知名旅行社入驻科右前旗，全面提升乌兰毛都大草原旅游知名度和影响力。加强重点时段游客量调控和应急监管工作。按照整合利用公共安全救援资源的基本原则，以打造安全和谐的旅游目的地为目标，建设科右前旗旅游安全救援体系，加强旅游危机管理。建立科右前旗统一的旅游应急联动中心，为旅游救援提供保障。制定有针对性的旅游交通救援、山地旅游救援、河流旅游救援等不同类型的救援系统。

4. 加强草原文化旅游文明大通道建设

按照国际旅游标识的要求，采用中、英两种语言书写文字内容，旅游标识主要包括:公共信息图形符号、交通指示牌、景区宣传广告牌、旅游地图广告牌等;在高速公路两侧及出入口、国道两侧及出入口、城市主要干道两侧、风景道两侧、景区主入口等区域设置旅游标识。依托旅游城市、旅游景区、服务节点,对302国道等主要公路沿线两侧可视范围内的草原进行整体流转,按照"一步一景"的思路,启动草原花海、牧家风情体验等廊道建设,展现最美"杭盖草原"景观。对主要公路沿线耕地和草牧场进行有序流转。全面加强主要旅游公路沿线环境"大规划、大规范、大整治、大提升"行动,移除主要公路沿线可视范围内的违建牧家乐。

(三)推动草原文化旅游产品集群发展

1. 实施草原景区(点)创建提升工程

创建乡村振兴战略试验区,启动黑羊山、宝格达山、桌子山景区(点)创建,启动乌兰毛都蒙古族特色小镇、满族屯满蒙特色小镇建设,改造乌兰河生态村、哈日白辛民宿村、乌申一合马业村等旅游特色村寨。以草原宿集、绿水营地等高品质旅游业态为抓手,配套建设主题酒店、精品民宿、露营营地等类型丰富的旅游产品,全面提升科右前旗的旅游接待能力。

2. 实施草原文化旅游重大项目建设工程

积极创建国家级草原文化生态保护区,重点打造乌兰毛都草原度假区、察尔森生态小镇、海力斯台郭勒草原风景旅游区、城中草原文旅综合体。按照草原观光、文化体验、休闲娱乐、康体养生等功能定位,跳出传统的草原文化展示方式,实施乌兰毛都草原度假区建设,实现从观光旅游到度假旅游的业态转型。进一步巩固勿布林嘎查"中国少数民族特色村寨"创建成果,启动建设"民族风情一条街",重点打造玛拉沁乐园、蒙古元素主题酒店、蒙古酒吧一条街、特色美食街区、草原牧家体验营地、蒙疗园等集文化、运动、演艺、养生于一体的产品体系,打造现代元素与草原文化相结合的乌兰毛都草原度假区。通过市场化运作等方式,全方位开发利用乌兰毛都赛马场。精心设计以勿布林嘎查为核心的"乌兰毛都草原度假区一日游"草原旅游精品线路。

3. 实施牧家乐改造提升工程

科右前旗应以满足游客多样化体验需求为目标,打造集循环牧业、创意牧业、牧事体验于一体的"草原牧歌综合体"。在乌兰毛都、桃合木、绿水、满族屯建设星级玛拉沁艾里,优化服务环境、提升服务质量、丰富产品内容,制定玛拉沁艾里建设标准,形成统一的牧家乐品牌。

4. 实施草原文化旅游商品开发工程

重点建设具有科右前旗蒙元文化、弓箭文化、民族服饰文化、民族宗教文化、祭祀与礼仪文化、歌舞文化、体育文化、蒙古疗养文化、餐饮文化、马文化的旅游项目。继续推进“文化活动品牌化”，充分整合资源，调动各方面力量，组织开展内容丰富、形式多样的文化活动，形成一批具有地方特色的文化活动品牌。

加大旅游商品纪念品研发力度，逐步壮大奶制品、肉制品、毡制品、绣品、马具类制品、札萨克图服饰工艺品等产业的发展规模。鼓励和引导当地旅游纪念品企业发展壮大，扶持发展一批草原旅游电商品牌，研发一批草原文化旅游产品，推动草原旅游文化与特色产品融合发展。

（四）推进全域旅游深度融合

1. 推进草原旅游与经济发展深度融合

要推动旅游产业的扩展，实现区域存量资源的全面盘活，就需要通过产业间发展纽带的培育来促进不同产业嫁接，最终形成科右前旗的大旅游格局。通常而言，嫁接可以通过资源、技术、产品、市场四个方面展开。首先是资源纽带。随着旅游需求的扩展，越来越多的产业被纳入旅游资源范畴，产生相互交叉。通过联合开发，一方面相关产业得到升级，另一方面拓展了旅游的开发利用范围。例如：以土地、生物等资源为纽带，农业和旅游业相互融合，产生休闲农业；以节庆活动为纽带，节庆会展业与旅游业相互融合，产生节庆旅游等。其次是技术纽带。旅游的创新需要依托一定的技术和手段。在旅游发展过程中，旅游业关注众多产业的技术革新，并应用到旅游开发中，由此产生新的旅游业态和新型旅游产品。例如：以现代信息技术为纽带，产生了在线旅游业；以动漫技术、影像技术为纽带，派生出影视作品、实景演出等。再次是产品纽带。以产品为纽带，关注与旅游业相关的产业在产业功能方面的补充，以此延伸构建拥有上、中、下游产业的完整产业链，强化旅游发展的根基。例如，以制造业所生产的产品为纽带，商业与旅游业相互融合，产生商贸旅游。最后是市场纽带。通过寻找旅游业和相关产业共同的消费者，专业细分市场，拓展市场空间，实现旅游业与其他产业的融合，主要有房地产业、会展业、商务会议等产业。

科右前旗要以创建绿色发展引领区为重点，突出差异化发展，注重与阿尔山旅游的互补性，充分发挥草原旅游的催化、整合、辐射作用，推动产业融合互动，释放绿色发展红利。要深化文旅融合发展，推进旅游与其他产业跨界融合、协同发展，催生新业态、创造新价值。拓展研学旅游，推动教育、会展、演艺、旅游一体化建设，推出农牧民俗、红色教育、草原文化、非遗体验等主题研学线路,增设一批中小学研学实践教育基地。

科右前旗要进一步推动产城融合建设、营造优美人居环境、加快提高城市知名度,加强相关场馆、主题功能区、游憩区的建设,不断完善城市商业区旅游服务功能,着力打造专业化、规模化的商务旅游产品,培育具有国际影响力的会议会展品牌,推动高端化商务旅游快速发展。

科右前旗要大力发展草原畜牧业,逐步打造休闲牧业、文化牧业、体验牧场。推进医养健康与草原旅游深度融合,培育一流蒙医康养企业。推动人工智能、智能可穿戴、全息投影、虚拟现实等新一代信息技术在草原旅游领域的应用,加快发展动漫、网游、网络视听等新兴体验式旅游产品。

2. 推进草原旅游与文化建设深度融合

以创建民族团结样板区为目标,科右前旗应加大草原文化、部落文化、草原名人文化的挖掘、传承和保护力度,打造“草原上升起不落的太阳”这一乌兰毛都大草原文化品牌,让更多更好的民族文化精品成为促进各民族交往、交流、交融和共同发展的重要纽带。深入挖掘民族饮食文化,培育民族服饰、民族弓箭等传统民族文化产品。探索挖掘、继承弘扬非物质文化遗产、传统民族艺术,推动民俗展演进景区(点)。加强优秀民族文化展示力度,把乌兰毛都大草原建设为内蒙古民族文化综合展示平台。挖掘金界壕的历史文化内涵,讲好“草原金戈铁马”的故事。推动乌兰牧骑等专业艺术团体与旅游企业合作,提升旅游演出质量和市场竞争力。引导新文艺群体发展,加强民族音乐产业交流合作。加快文化艺术产业发展,推出一批代表乌兰毛都草原游牧文化特色的经典剧目,创作一批体现札萨克图草原特色的曲目,打造一个常年演出的文化旅游演艺项目,完成一部具有草原文化特色的实景剧创编。扩大体育与旅游融合覆盖面,大力推动滑雪、航空运动、马拉松、自行车、徒步越野等体育运动大众化、产业化发展,引进有影响力的国家级和国际赛事,推动赛事经济和户外休闲装备贸易发展。策划举办具有草原文化特色和面向不同群体的赛马、摔跤、射箭、布鲁、沙哈(嘎拉哈)游戏、蒙古象棋等主题赛事活动。规范乌兰毛都赛马场的使用功能,打造草原传统体育新赛场。成立蒙古马马术团队,壮大牧民业余“乌兰牧骑”。

3. 推进草原旅游与生态保护深度融合

科右前旗应以创建国家生态建设示范区为契机,坚持走生态优先、绿色发展的道路。加大天然林保护力度,严格落实草畜平衡制度。完善草原行政执法与刑事司法的衔接机制,成立草原环境保护分队,统一规划设计,规范建筑行为,拆除违章建筑,不断改善环境。建立健全安全饮水管理机制,实施草原水资源可持续利用工程,保证用水安全。以提高牧区苏木乡镇(场)政府所在地生活垃圾和生活污水处理率为重点,不断完善牧区生活垃圾无害化处理和污水处理设施,逐步实现村屯生活垃圾和生活污水处理全覆盖,实现草原旅游与生态环境保护的和谐发展、可持续发展。加快乌兰河自然保护区保护和建设工作,持续推进乌兰河自然保护区晋升国家级自然保护区的工作,探索发展湿地旅游。

4. 推进草原旅游与民生改善深度融合

科右前旗应加大产业结构调整,促进草原旅游扶贫和旅游富民的相关政策落实,引导牧民从单一的畜牧养殖向民俗旅游领域拓展,培育推出具有地域特色和品牌价值的系列草原旅游产品。通过发展民宿、土地流转、旅游驿站、蒙古大营、特色小镇、特色村寨等方式,探索完善"景区带村、能人带户"的旅游扶贫模式,增加贫困村集体收入和贫困人口收入。

科右前旗应积极对接全国特色旅游景观名镇(村)、中国历史文化名镇(村)示范村建设,结合城乡一体化和新农村建设,建设旅游特色镇、特色农庄、特色民俗联盟。促进特色旅游村镇建设与旅游相结合,建设旅游名镇以及旅游名村。

(五)强化草原文化旅游宣传推介

1. 加强对外宣传力度

科右前旗要积极组织旅游部门、旅游企业"走出去"进行推介宣传,适时举办大型旅游交流和推介活动,进一步扩大和提升"乌兰毛都大草原"旅游品牌的影响力和认知度。要加强对国内旅游的宣传推广,开展多种形式的旅游推广活动,推出各种优惠让利措施。要加快创新旅游营销手段,积极利用互联网和现代信息技术,提高宣传推广的针对性和有效性。要针对法定长假及寒暑假期等旅游高峰时段,加强旅游宣传推广,不断拓宽客源市场。

2. 搭建推介平台载体

在公路出入口、城区繁华地段以及火车站、机场等客流聚集地投放旅游广告;在高铁车厢、飞机机舱等,设置富有草原旅游文化特色的宣传品;在各类旅游交易、商贸洽谈等大型会议上,推介科右前旗草原旅游产品,构建起多层次、多领域的对外沟通交流和形象宣传的展示平台。

3. 开展节庆、赛事营销活动

丰富"绚丽前旗""动感前旗""活力前旗"三大文化旅游活动,持续推广"九站式"

乡村旅游活动;进一步丰富“那达慕·乌兰毛都草原文化旅游节”内涵;传承和弘扬民族传统文化,广泛开展敖包祭祀文化活动,不断提升科右前旗知名敖包祭祀文化品位;积极引进国家级精品赛事、精品论坛,举办科尔沁草原文化主题高端论坛;开展“草原是我家”“踏着牧歌看草原”等系列研学游活动。

4. 构建媒体宣传体系

要加强统筹协调,充分发挥外宣、文化、广电、新闻出版等部门的优势和作用,形成合力,提高科右前旗的旅游宣传推广水平。通过在自治区内各电视台、互联网站、报纸进行专题报道等形式,开展科右前旗旅游发展的社会宣传工程,提高居民对生活环境的认知度和对旅客的欢迎度,加快建设具有品质氛围的综合性旅游目的地。积极与新兴媒体和国家、区盟主流媒体等传播资源建立沟通对接机制,拓宽草原旅游新闻宣传渠道,创新旅游资讯传播方式,持续精准开展旅游宣传营销,全面提升科右前旗草原文化旅游的知名度和美誉度。

(六)加强草原文化旅游发展保障

1. 加大文化旅游人才培育力度

利用好地理优势,将科右前旗建成“中国—草原”人才培训中心和科教基地。依托草原湿地、红色文化、蒙元文化等资源集聚地优势,引进国内知名旅游科教品牌,整合区域内教育资源,形成辐射内蒙古东部的人才高地。逐渐建立和完善“育才、引才、留才与用才”的旅游人才支撑体系。

首先,实施三大人才工程。第一,引才工程。引进高素质的旅游企业经理人、高素质的具有丰富会展经验的人才、精通外语的人才、高素质专业化的政府管理人员、高素质的信息化建设人才。第二,育才工程。利用区内教育资源大力培育旅游技能型人才、服务型人才和企业经理人才;每年选派优秀的旅游行政管理人员和优秀企业家到国内外进行短期培训。第三,灵活的引智工程。依托中国传媒大学的帮扶资源,通过和国内外各大院校、科研机构的横向联系,建设科右前旗旅游专家库,吸纳知名旅游专家、教授为科右前旗旅游业出谋划策,打造好中国草原文化旅游发展论坛,建设“不求所有、但有所用”的用才环境。同时,要建设科右前旗人才交流中心。建设科右前旗旅游人才网和区域性旅游人才交流市场,特别是职业经理人人才市场;实施“中国—草原博览会”人才培训计划,加强以内蒙古东部为重点的人才交流与合作;建立科右前旗旅游和会展人才高地,内蒙古人才高地专项资金要重点向科右前旗经济区内旅游和会展人才高地倾斜。

其次,进行科普性旅游教育。组织基层教育培训力量,开展针对旅游服务人员、导游、讲解员、旅游企业私营业主、乡村旅游经营户的旅游基础知识和实用技能培训。加强人才使用的制度建设,完善旅游从业人员职业资格制度、职业技能鉴定体系和奖励表彰制度。完善导游人员管理服务体系,健全薪酬机制和劳动保障制度,将导游人员等级纳入国家职称制度,进一步优化导游队伍结构。要发挥老专家、老教师知识渊博的优势,将他们吸引到导游队伍中,进行专业讲解。

最后,加快培育旅游人才,树立"以教学为基础,以技能培训为推动环节,以科研为发展导向"的大旅游教育观,按照产、学、研、企一体化的思路,构建教学—实训—科研一体化的开放式、拓展型旅游人才培养新模式;实行"企业化与院校式"结合的管理运作模式,配合旅游企业集团的组建,成立相应的培训机构,为旅游人才培养"直通车"铺路架桥,密切院校与业界的联系,保证旅游人才的来源与出路通畅;以合作办学、联合培养、教师互访、学术交流等方式,积极开展和加强国际、国内横向合作。扶持成立草原旅行社,逐步壮大草原导游队伍。

2. 加强政策措施扶持

重点支持旅游基础设施、精品景区和公共服务体系建设。将科右前旗作为自驾车旅游、草原旅游、旅游节能减排、旅游循环经济、旅游信息化、旅游走出去的创新试点,在国家技术改造专项资金、促进服务业发展专项资金、扶持中小企业发展专项资金及外贸发展基金中予以重点支持。科右前旗政府要将支持旅游业发展纳入政府公共财政预算,加大对旅游基础设施建设的投入力度。要建立旅游发展基金,并形成稳定增长机制,主要用于旅游规划、旅游行政执法、旅游形象宣传促销、旅游公共服务体系建设及日常运行、旅游教育培训等。对符合国家产业政策、就业容量大、生态效益好、对地方经济发展带动性强的重点旅游项目,要优先保障用地。旅游项目开发要注意集约用地,支持利用荒地、荒坡、废弃矿山、垃圾场等开发旅游项目。对产业结构调整中的旅游项目,土地转让金可以给予适当优惠。

培育旅游龙头企业。建立和完善旅游业发展企业库和项目库。实施文旅优秀龙头企业培育工程,支持通过整合资源、技术创新、品牌输出、跨界经营、兼并重组等方式建立现代企业制度,实行股份制改造。对企业兼并重组重大项目发生的评估、审计、法律顾问、财务顾问等前期费用和并购贷款利息予以补助。支持符合条件的文化旅游企业上市融资或在新三板精选层等平台挂牌,扩大直接融资比重。支持各类投资基金参与国有企业重大旅游项目开发。盘活机关事业单位脱钩的闲置资产,支持国有品牌企业做大做强。

努力为旅游企业创造公平竞争的环境。对宾馆饭店落实与一般工业企业同等的用水、用电、用气价格。排放污染物达到国家标准或地方标准并已进入城市污水处理管网的,缴纳污水处理费后,免征排污费。支持旅游企业实行合同能源管理和实施高效照明改造。允许旅行社承接行政机关和企事业单位旅行、商务、会议服务外包。旅游企业用于宣传促销的费用纳入企业经营成本。银行卡跨行交易手续费对各类旅游企业改按“一般类型商户”标准收取。对吸纳就业人员多的旅游企业给予优惠政策。旅游企业可享受中小企业的贷款优惠政策,对暂时经营困难的旅游企业,金融机构要加大信贷支持力度。完善旅游业投融资体系,加大政府投融资平台对旅游企业和旅游项目的担保力度,适当放宽贷款抵押担保条件。允许旅游企业以旅游项目经营权、景区门票收入质押贷款。鼓励中小旅游企业和乡村旅游经营户以互助方式实现小额融资。积极鼓励符合条件的中小旅游企业在中小企业板和创业板上市,支持符合条件的旅游企业上市融资或发行企业债券、公司债券等。探索成立旅游消费金融服务公司,积极推进金融机构和旅游企业的广泛合作,开发旅游保险、旅游消费卡等新兴金融服务产品,增强“银联卡”等金融产品的旅游服务功能。

3. 加快旅游法规和标准化建设

要不断健全旅游业发展的法制环境,及时开展对于旅游业发展中的新情况和新问题的法律研究,加快旅游市场监管、资源保护、从业规范等方面的专项法规制定工作,推进编制科右前旗旅游发展促进条例、资源保护条例,出台《科右前旗旅游项目管理办法》《科右前旗旅游规划管理办法》等地方法规。要把标准化作为提升旅游服务质量的重要手段,借鉴国内各地区的先进经验,拓宽旅游标准化领域,加快旅游新产品和新型服务方式、旅游节能环保、从业人员职业技术等级等方面的标准制定,建立健全各类旅游产品和服务标准体系。加强标准实施的监督检查,利用多种手段引导和推动旅游企业自觉运用相关标准改进服务。加强旅游标准化示范点建设,进一步健全旅游标准化组织协同机制、宣传推广机制和绩效评估机制。根据区域特点,编制地方标准。

4. 立足产业链招大引强

加强与知名旅游集团和管理服务品牌企业的合作,导入先进理念、成功经验、人才资源、客源渠道,有效整合全盟旅游资源,把资源优势转化为产业发展优势。鼓励各地旅游企业用好组合政策,支持国有企业以合资、合作经营的方式,引进知名企业进行投资,开发重大旅游项目。科右前旗应充分利用中央定点帮扶单位、京蒙协作等帮扶资源,举办文化旅游投融资合作暨重大项目推介专场活动,实施精准招商。

5. 加强旅游市场监管及诚信建设

加强旅游市场监管,要加大旅游执法力度,完善监管机制,公安、工商、卫生、质检、旅游等相关部门要加强联合执法,坚决整治旅游市场中损害游客利益的各种欺诈行为,切实规范旅游市场秩序。要实施旅游质量提升计划,完善质量保障体系。进一步加强和规范旅游景区门票管理,防止门票价格过快上涨。加强对通过互联网等方式自发组成的旅游团、旅游俱乐部等新业态的引导管理,促进其规范发展。

要健全旅游质量监管机构,完善旅游投诉处理机制,维护旅游者合法权益。加强旅游执法队伍的建设,并从人力、物力、财力等方面切实给予其保障,不断提高各级旅游执法部门的工作水平,寓管理于服务,创新服务手段,维护市场环境。加强旅游诚信建设,努力构建覆盖相关产业的旅游诚信体系,明晰旅游市场主体之间、旅游者与旅游企业之间的法律责任,健全分工合作机制。

广泛开展旅游诚信教育,深入开展旅游诚信创建活动。建立旅行社、旅游购物店信用等级制度,制定旅游从业人员诚信服务准则,加强旅游信用管理。加强旅游行业协会等中介组织建设,发挥行业协会作用,完善行规行约,开展诚信监督,提升行业自律水平。充分利用广播、电视、报刊、网络等媒体,广泛开展社会监督,营造诚信氛围,引导旅游企业规范经营、从业人员诚信服务、旅游者理性消费,促进科右前旗旅游市场规范有序发展。

(刘京晶,中国传媒大学艺术研究院)

参考文献

白海霞,石玉梅,2020. 科右前旗乌兰毛都旅游业发展探究[J]. 中国市场(12):37-38.

包阿优喜,2011. 内蒙古草原文化与旅游业互动发展研究[D]. 内蒙古师范大学.

杨昊,2014. 内蒙古科右前旗县域经济发展研究[D]. 内蒙古大学.

玉玺,2007. 论草原文化在内蒙古特色经济中的地位和作用[D]. 内蒙古师范大学.

高校定点帮扶工作机制研究

杨垒垒　孙　浩　支彧涵

摘要：党的十八大以来，高校在乡村振兴战略中的作用和地位日渐凸显。笔者通过对不同帮扶案例进行分析总结，国内高校定点帮扶主要归纳为八种发展服务路径，即教育扶贫、党建扶贫、科技扶贫、产业扶贫、消费扶贫、医疗扶贫、文化扶贫以及包括智力扶贫、就业扶贫、民生扶贫在内的其他扶贫模式。中国传媒大学作为2020年新增定点扶贫高校，承担内蒙古兴安盟科尔沁右翼前旗扶贫任务，学校充分发挥传媒院校在媒体宣传、文化创意与高等教育等方面的专业优势，走出了高效赋能扶贫工作的特色扶贫之路。本文旨在归纳总结扶贫模式经典案例，为继续做好教育帮扶"必答卷"提炼了可供借鉴的范例与实践经验。

关键词：脱贫攻坚；乡村振兴；高校定点帮扶

一、课题提出的背景

党的十八大以来，脱贫攻坚始终是党和政府的重要工作内容，取得了举世瞩目的伟大成绩。2012年，教育部44所直属高校纳入国家定点扶贫工作体系中来，将高校特色优势与定点扶贫县发展短板相结合，帮扶贫困地区提升人力资源水平，助推产业发展升级，推进社会事业长效发展，取得了丰硕成果。在中国特色扶贫开发之路上，教育系统已经成为脱贫攻坚不可或缺的一支生力军。2020年，教育部新增19所高校采取"1+1"模式，由1所已承担定点扶贫任务的直属高校与1所尚未承担扶贫任务的直属高校共同定点扶贫一个贫困县，并增加江南大学助力其他中央单位完成定点扶贫任务。目前，75所教育部直属高校已全部投入扶贫工作。随着脱贫攻坚的深入推进、任务的不断提高和形势的发展变化，扶贫工作也要有新的组织形式、方法措施和目标要求。中国传媒大学作为2020年新增定点扶贫高校，承担内蒙古兴安盟科尔沁右翼前旗（以下简称“科右前旗”）扶贫工作任务，助力科右前旗脱贫攻坚，积极推进定点帮扶的有序对接。

当前，学者们针对教育扶贫、产业扶贫、社会化扶贫、高校参与扶贫等方面，展开了一系列研究，对高校扶贫工作机制模式的讨论也已经成为扶贫研讨的主要话题。研究者全面梳理呈现各高校开展定点扶贫的主要经验和具体做法，其中提出了很多有针对性和创新性的扶贫模式。但是，扶贫成果往往仅限于某所高校在某一扶贫工作领域的做法和阶段性成果，缺乏系统性、普适性的工作模式研究。

二、课题研究的意义

第一，有助于打造定点帮扶的“高校样本”，指导高校提升服务能力。2021年是乡村振兴的开局之年，如何推进脱贫成果巩固与乡村振兴有效衔接是未来的重要研究方向。高校作为拥有智力、人才、科技等独特资源的帮扶主体，系统总结高校扶贫工作经验，探索提升社会服务能力的新方法、新路径，为后续工作开展提供可资参照的模式。

第二，有助于探索总结新时期高校定点帮扶规范化、科学化的工作机制。通过工作实践研究，从工作机制、资源配置、落地实施、效果追踪等多个方面入手，及时归纳、总结实践过程中出现的问题，并研究出解决这些问题的有效途径，构建一个合理、有效、可持续的服务体系，以期达到精准服务的效果。

三、课题研究的理论基础

（一）围绕高校定点扶贫过程中的主要着力点以及存在的问题进行分析

胡俊生、李期（2020）认为，高校摸索出的各类帮扶模式存在认识不到位、行为短期化、校地沟通衔接不顺畅、资源整合利用程度低、帮扶缺抓手、培训内容方法不够接地气等问题。

郎宏文、孙世俊（2019）认为，高校在脱贫攻坚战中应当明确自身的定位，高校的使命是在确保自身发展的同时，满足贫困地区群众的实际需求，而不是满足政府的需求。其责任主要是动员扶贫资源、参与扶贫规划、开展公民教育；承接政府职能、呈现农民需求并监督政府。

时昌桂（2019）认为，面对目前教育扶贫工作存在的一些制约因素，高校要通过确定精准的教育扶贫目标、开展滴灌式教育扶贫、完善教育扶贫考核机制等策略加以应对解决,更好地助力深度贫困地区脱贫攻坚。

郑小梅、杜鹏(2018)认为,由于观念偏差、定位不准以及机制建设不完善等因素的制约,高校在精准扶贫工作中呈现出重任务轻需求、重物质轻智力以及重投入轻发展等误区。

杨智军、覃吉春(2018)认为,在精准扶贫过程中,心理距离是无法回避的重要问题。相较于其他扶贫力量,高校理应让“尊重”成为基础心理,把“尊重”作为第一考量,尤其是要尊重风土人情、基层声音、个体差异,使精准扶贫“接地气”“真解渴”。

(二)基于各高校参与定点扶贫的实践,总结概括各自的扶贫模式

王慧、周少倩(2020)以H大学对口帮扶湘西X村和W村为例,探讨了高校扶贫的主要途径。如通过开展驻村调研,做好规划引领;抓好党建扶贫,建立先进基层党支部;改善民生,完善基础设施建设;因地制宜,创新村集体经济产业孵化模式;建立“以购代捐、以销定产”消费扶贫服务平台等多种措施,有效帮助帮扶村脱贫出列,脱贫效果显著。

程华东、刘堃(2017)基于华中农业大学在建始县精准扶贫的实践,在三螺旋理论的基础上,构建了以产业为纽带,农户、企业、高校、政府四主体相互作用的四螺旋模型。

程华东、陈宇施(2019)以华中农业大学为例,提出并探索建立农业大学助力乡村振兴战略实施的三种典型发展模式,即服务于贫困山区精准脱贫目标的“六个一”产业振兴模式、服务于平原地区现代农业发展目标的“双水双绿”绿色农业发展模式、服务于城郊地区都市农业综合发展目标的田园综合体发展模式,针对不同的发展模式,探索出“可复制、易推广、能成形”的农业大学助力乡村振兴战略实施模式与路径。

李俊杰、李晓鹏(2018)基于中南民族大学在武陵山片区的扶贫实践,总结高校在实施精准扶贫过程中可以固化的几种模式,创新性地扩展了五力模型的内涵,提出高校参与精准扶贫的五个着力点,对实践中发现的难点问题进行路径优化,以期提高扶贫效率,为高校参与集中连片区的脱贫工作作出有益探索。

何昊华等(2020)总结了中国科学技术大学定点帮扶贵州省六枝特区的工作实践,开展党建扶贫、教育扶贫、产业扶贫、消费扶贫的一系列具体做法与经验,形成了以教育扶贫为代表的综合帮扶模式。

四、课题研究的目标

本文以习近平总书记关于扶贫工作的重要论述为指导，以中国传媒大学定点帮扶科右前旗为个案，详细剖析高校坚持智力引领，挖掘自身优势，结合定点帮扶地区实际需求，发挥高校在教育扶贫、产业扶贫、消费扶贫、宣传扶贫等方面的重要作用。在全国上下一盘棋，全力以赴向脱贫攻坚发起总攻的收官战中，如何更好地发挥自身能动性，挖掘自身潜力，种好定点帮扶"责任田"，做好教育帮扶"必答卷"，本文旨在提炼可供借鉴的范例与实践经验，为全面巩固脱贫攻坚成果、助力实施乡村振兴战略，为早日实现中华民族伟大复兴中国梦作出新的时代贡献。

五、课题研究的主要内容

第一，了解目前国内高校服务乡村振兴的理论研究现状，对高校社会服务工作机制研究、脱贫攻坚与乡村振兴衔接相关理论研究等方面的论著进行收集、整理，总结已有的工作思路和服务内容。

第二，对教育部直属高校定点帮扶工作案例和成果进行统计、分析、汇总，对各类服务项目开展情况进行梳理。根据高校特点和不同乡村发展的类别，分析不同的发展服务路径，提炼出对当前工作有助益的工作模式。

六、课题研究的方法

（一）案例研究法

本项目的研究方法主要以案例研究为主，这是社会科学研究中广泛使用的方法，迄今为止，已经得到社会学、人类学（包括民族学）、教育学、政治学以及公共管理学等学科研究者的认可并且被运用到特定问题的研究之中。

（二）经验总结法

对调查结果和分析结果进行总结归纳，总结分析哪些路径比较合理，哪些路径适用于哪类高校。

（三）比较研究法

对比国内高校服务乡村振兴路径实例，对比实施举措，对比过程中遇到的问题和结果，分析共同点和差异点，分析优劣势。

七、课题研究成果

在全面梳理了参与定点扶贫任务的64所教育部直属高校开展定点扶贫工作的典型经验与做法的基础上，本文分析并总结出现有的比较通用的高校扶贫工作机制模式，突出创新性的扶贫做法。通过系统化的描述，以期概括现有的经验方法，为后续扶贫工作持续稳步向前发展提供借鉴与参考。

（一）教育扶贫

教育扶贫是高校开展定点扶贫工作的典型模式。教育是国之大计、党之大计。习近平总书记指出，让贫困地区的孩子们接受良好教育，是阻断贫困代际传递的重要途径。64所高校在不同程度上开展教育扶贫工作，通过多样的方式鼓励、支持、引导、促进贫困地区教育发展。

北京大学切实发挥标杆作用，协助教育部筹办“2020教育扶贫论坛”，牵头成立“高校教育扶贫联盟”，组织教育扶贫交流研讨会等，进一步聚集和发挥北大学科优势，推进兄弟高校组团式开展扶贫工作。在教育扶贫领域，北京交通大学帮扶工作已初步形成“学前教育—义务教育—高中教育—职业教育—成人教育”全覆盖的教育扶贫体系。南开大学在贫困县建设完成46所“公能”素质教育发展教室，极大地提高了当地学生的学习兴趣，并且优先将教室建到乡镇去，将教育扶贫真正做到精准施策，推动实现当地基础教育资源均衡化和高质化。北京语言大学也积极引入企业帮助贫困区中小学建设国际课程智慧教室，优化教学资源，提高教育水平。

中国农业大学先后派出40名研究生支教团成员赴镇康一中、勐堆中学等开展支教工作，有效缓解镇康师资队伍不足的难题，切实激活镇康教育扶贫内生动力，形成制度化、常态化、规范化、长效化的支教工作模式，2020年镇康一中高考一本上线55人、二本上线287人，创历史新高。此外，浙江大学、中南大学、山东大学、上海交通大学等高校都开展了支教助学工作。东华大学实施贫困大学生全过程励志培养，学校每年投入经费600余万元用于资助贫困地区在校学生，通过社会实践和志愿服务，教育引导贫困大学生感恩社会、反哺家乡，确保其实现物质和精神双脱贫。

(二)党建扶贫

党建扶贫是高校定点扶贫工作稳定推进的制度保障。在党支部的引领下,充分发挥党组织战斗堡垒作用和党员先锋模范作用,不断把党的组织优势转化为扶贫优势、党建活力转化为攻坚动力,可以有效保障决胜全村脱贫攻坚,巩固拓展脱贫成果。

中南财经政法大学建立了“党建领航——五级帮扶体系”,即校党委、二级党委、党支部、党员干部、党员全员参与,有效发挥了基层党组织战斗堡垒作用和党员先锋模范作用。中国矿业大学遴选教职工党支部与贫困村党总支开展党建结对共建;校党委组织部精心制定共建方案,做好组织动员并经常调度工作;各二级学院党委充分发挥支持保障作用,动员全院力量投入结对帮扶,将脱贫攻坚主战场转化为立德树人大课堂;各教职工党支部深入结对村开展调研走访,实现校地基层党组织建设互促,同时发挥学科特色和专业优势,面向结对村干部群众开展专题讲座、资困助学、以购代捐、科技帮扶等,提高定点扶贫成效。

北京大学在党委统一领导下,建立“1+8+N”长效机制,即全校统筹,8 个院系结对帮扶弥渡 8 个乡镇、按照弥渡的实际需要增加其他资源及帮扶主体,充分发挥各院系特色优势,各个单位通过扶知识、扶技术、扶思路,提升当地干部群众脱贫致富的综合素质,将“输血”变为“造血”。中南大学采取线上线下相结合的方式,加强基层干部培训,切实增强乡村基层一线干部谋事干事能力,还组织承担结对帮扶任务的二级党组织和机关部门党支部人员逐一走进贫困村结对贫困户家中,详细了解结对家庭近况及生产生活规划,及时调整完善帮扶计划,助力小康致富,杜绝返贫现象。

(三)科技扶贫

科技扶贫是高校开展定点扶贫工作的有力模式。高校充分发挥智力高地、人才高地的作用,靶向发力、精准施策,把学校的科技优势转化为扶贫效能,在课题设立、活动举办、成果转化、科技培训等方面构筑科技扶贫模式。

北京邮电大学将信息科技特色优势作为主引擎,举办“北邮—长顺科技文化周”活动,助力长顺县成为贵州省首个启动 5G 建设的县市,开发 6 大系统,辐射智慧农业、智慧城市、智慧旅游 3 大板块,有效助力脱贫攻坚。中国地质大学(北京)充分发挥科技的引领作用,依托资源环境领域的学科人才优势,牵头组建高校“资源环境扶贫联盟”,通过科技创新与制度改革的相互促进,在国土空间规划、地质灾害防治、土地综合整治、生态环境修复、自然资源开发利用等领域实现组团帮扶合力攻坚,创建

"绿水青山就是金山银山"的典型项目,打造高校扶贫的升级版和定制版,为生态扶贫和乡村振兴提供强有力的智力支持。

吉林大学坚持科技兴农,选派100余名科技专家走进定点贫困县,奋斗在脱贫攻坚第一线,重点支持14个扶贫科研项目,引进多家企业投资,坚持从种植、养殖、土壤改良、食品深加工、品牌策划、废弃物处理、销售等方面,全方位助推科技成果转化,闭环式帮扶当地企业完成技术转型。同样地,中国石油大学(北京)投资50万元设立南华县产业扶贫专项课题,共设置了包括南华县域农林经济与绿色发展产业链、价值链现状与远景规划,南华县矿产资源、开发与利用调研等在内的七大专项课题,为南华县经济社会发展全面把脉,开好"药方"。

(四)产业扶贫

产业扶贫是高校开展定点扶贫工作的有效发展路径。产业扶贫是最直接、最有效的办法,也是增强贫困地区造血功能、帮助群众就地就业的长远之计。高校在进行产业扶贫工作时,应注意结合对口贫困区实际情况,做到因地制宜,精准施策。

北京化工大学扶持成立西海蔬菜种植合作社和农村农业机械合作社,捐款购买蔬菜烘干机、打包机等设备,免费为建档立卡贫困户干化打包,以低于市场价为村民服务,利润划入集体经济账户,扶持发展集体经济。北京交通大学在新营子村思源种植专业合作社基础上,扶持新营子村黄牛产业发展,在新营子村建设养牛小区。大连理工大学结合对口龙陵县当地条件,积极开发实施经济效益更高的稻田蟹养殖项目,促进村集体经济发展和提高村民收入,"北蟹南养"喜获成功,帮助龙陵百姓探索出了一条"提质增效、绿色发展、富裕农民"之路。

值得关注的是,东北林业大学立足绿色发展,助推生态产业扶贫。为解决对口贫困县泰来生态环境恶劣限制经济发展的致贫顽疾,学校以生态专项基金为突破口,用成熟、有效的技术成果,集中推动泰来县"山水林田湖草"综合治理方案的研究与设计,重点推动食用菌、湿地养殖、花卉苗木、优质农作物等引种、养殖、栽培、扩繁的农业产业化运作,形成了"生态立县、产业强县"的绿色发展新理念。以修复生态环境为基础,因地制宜发展生态产业,逐步实现了生态保护与生态开发相结合的绿色扶贫之路。

(五)消费扶贫

消费扶贫是高校开展定点扶贫工作的必要环节与闭环保障措施。社会各界通过消费来自贫困地区和贫困人口的产品与服务,帮助贫困人口增收脱贫,是社会力量参与脱贫攻坚的重要途径。高校积极创新消费扶贫形式，实施产销一体化，调动农户增产增收、发展产业积极性，切实助力贫困区成功实现脱贫摘帽。

中山大学紧紧抓住对口贫困县核桃、茶叶核心产业，凝聚全校及校友合力，帮助云南省凤庆县促加工、提质量、找销路。一是着力抓好产品端，促进农特产品精深加工；二是着力抓好采购端，推出凤庆特色产品套餐；三是着力对接销售端，广泛发动校友帮助销售农特产品。凤庆县的滇红茶经过校友企业的精心包装设计，在粤港澳大湾区广受欢迎。北京科技大学打造“政府采购·爱心认购·产品网购”的消费扶贫格局。学校立足秦安县林果产业实际，大力开展消费扶贫活动，打通农特产品销售“最后一公里”，提高市场占有度和美誉度，推动秦安县从传统农业向订单农业转型升级。

中国农业大学与合作伙伴拼多多，在镇康岩子头村设立“多多农园”项目，成立“岩子头村茶叶专业合作社”，吸纳岩子头村 50 户建档立卡贫困户家庭，通过建立茶叶初加工厂、物流中心、引入电商队伍等方式，有效解决了岩子头村农产品经营分散、品种多、规模小等问题。协调开办“岩子头淘金河食品旗舰店”及“岩子头食品专营店”拼多多网店，提供流量支持，积极探索“引力+借势+搭台”的校企合作扶贫路径。

（六）医疗扶贫

医疗扶贫是高校开展定点扶贫工作的健康保障措施。因病致贫、因病返贫是脱贫攻坚的“硬骨头”。高校依托自身的医疗资源，帮助对口贫困区进行医疗筛查，资助救治工作，并指导贫困区医院、卫生室建设，标本兼治，巩固脱贫成果。

清华大学在南涧县开展儿童先心病筛查救治工作，在实践中探索形成了由大理州政府、清华大学第一附属医院和爱佑慈善基金会三方共同支持的先心病救助的“大理模式”，让当地贫困群众基本实现零负担就医。

华中科技大学因地制宜，拿出最优质的资源，打造标本兼治、防治并举的“三三”健康扶贫模式。“三三”模式即依托公共卫生学院、附属协和医院、校医院三个单位，从“疾病预防、医疗救治、健康管理”三个方面，着力打造临翔区中心医院、乡镇卫生院、村卫生室三级联动的医疗保障体系和疾病预防、健康管理体系。通过近年来的努力，临翔区医疗水平得到了极大提升，逐步实现“小病不出村、一般病不出乡、大病不出县”的目标。

中南大学实施远程医疗，指导对口江华县开展医院信息化建设，建立基于远程心电、影像、会诊、共方“四个中心”的数字化病区，实现了“乡检查、县诊断”的新型医疗服务模式。中南大学还组织医疗下乡，开展乡村卫生室建设，学校 4 所附属医院选派近百名优秀医学博士生组建党员博士医疗团,赴江华县开展义诊10余场,发放药品数万元,同时现场讲解药品常识、公共卫生知识,推动疾病预防和健康生活理念普及工作。

(七)文化扶贫

文化扶贫是高校开展定点扶贫工作的创新之举与特色模式。以中南大学对口的江华县为例,学校挖掘传播瑶族文化,分享团队10余年传承与创作瑶族长鼓舞的历程,切实提高了江华县瑶族长鼓舞蹈文化的影响力。

此外,中南大学根据江华县瑶族竹制产品特色,深入挖掘竹制家居装饰用品,形成基于贫困设计方法的江华瑶族竹制家居装饰用品设计;为保护和传承瑶族香文化,激活民族手工艺价值,完成了“江华瑶香”品牌包装设计。学校还充分发挥建筑与艺术学院学科特色,结合瑶族丰富的人文历史、生产生活和民俗风情,打造瑶族文化实景剧目,力争将歌舞剧雕琢成为外地游客来江华县旅游的必看剧目和全国瑶族地区民族文化演出的经典剧目,有力助推江华县文化事业和文化产业发展。

(八)其他扶贫模式

除了上述的扶贫模式外,高校开展定点扶贫工作还采取智力扶贫、就业扶贫、民生扶贫等基本形式。

扶贫先扶智,除了对学生的知识教育,高校也加强对贫困县当地干部群众的智力帮扶,通过扶知识、扶技术、扶思路,提升当地干部群众脱贫致富的综合素质,将“输血”变为“造血”。如中国政法大学充分发挥智力特色优势从人员培训、法律援助、营商环境等方面为科左中旗开展特色法治扶贫工作,累计培训人员5036人次,创建了群众社区“普法+援助”的法治帮扶机制,为进一步推动领导干部依法行政,实现人民群众知法、懂法、守法、用法,助力法治社会发展和乡村振兴提供了坚实的法治建设基础。华东师范大学聚焦智力帮扶,举办“华东师大—寻甸振兴大讲堂”,邀请学校教授为寻甸领导干部做专题讲座,为教育系统干部教师做课堂教学专题讲座,结合寻甸发展主题引进高质量学术报告、展开实地调研和工作交流,以期更好地服务乡村振兴与地方发展。中国石油大学(北京)依托培训资源优势,构建起远程教育、本地学习、到县培训等多种方式结合的培训体系,有效提升了广大基层干部和技术人员的理论水平和职业技能。

帮助贫困地区人民群众就业也是脱贫摘帽的有效途径。北京交通大学与对口贫困县签订《劳务输出意向书》,接收来校务工人员,并在疫情期间,为他们正常发放基本工资,保障其生活需求。中国矿业大学充分调动和凝聚校友力量,搭建校友参与平台,动员校友企业到定点扶贫县投资兴业、吸纳就业。东北林业大学创建35个扶贫车间开展汽车坐垫编织、柳条编织、羊绒大衣缝纫等项目,形成居家就业的新业态,促进就地就近就业。扶贫车间采取集中代工和居家代工两种方式,吸纳年老体弱、身体残疾、因病致贫及赋闲妇女等弱势群体加入,让群众在家门口就业增收,全面巩固脱贫成效。

改善民生,完善基础设施建设也是高校开展定点扶贫工作的方式之一。北京交通大学引进北京集创北方科技捐赠灯具6.7万元,改善嘎查村照明条件;北京新曦科技等捐赠电脑68台,改善基层办公条件;捐赠被褥200套,用于贫困户入冬御寒。北京交通大学在疫情防控物资短缺的情况下,向科左后旗捐赠口罩10000只,捐赠消毒液制造设备3台。

四川大学还根据对口贫困区实际,创新性地实施学前推普工作,开展"语言扶贫"。定期选派川大幼儿园优秀教师到斯觉镇中心幼儿园驻园支教,大力推广普通话教学,将当地少数民族学生学习普通话起步时间从小学阶段前移到幼儿学前阶段,取得3—6岁学龄前在园幼儿95%能流利讲普通话的突破性成效。学校这一做法也成为国家"民族地区学前推普"项目典型成果。

(九)宣传推广

高校在实践层面开展定点扶贫工作的同时,开始加强理论研究,探索脱贫攻坚规律;加强经验总结,宣传典型扶贫成果。

北京交通大学马克思主义学院发挥资源优势和专业特点,将脱贫攻坚工作上升到理论层面。在《光明日报》上发表了《坚持和运用好脱贫攻坚的方法论》《新中国成立以来中国共产党扶贫脱贫事业的演进历程》理论文章2篇,形成《习近平同志关于扶贫工作论述》理论讲座1项。

厦门大学通过举办学术研讨会和讲好厦大扶贫故事加强理论研究与宣传力度。一方面,主办"习近平扶贫论述暨高校定点扶贫实践"学术研讨会,进一步加强习近平扶贫论述学习研讨,为做好乡村振兴衔接工作奠定理论基础,积淀了一批论文成果。另一方面,坚持把脱贫攻坚作为国情教育的重要内容,开展"扶贫思政课",将讲述扶贫故事列为思政课的内容,引导青年学生坚定"四个自信"。筹划出版著作《同一个梦想——厦大扶贫故事》(双语),通过外事交流活动、国际中文教育等渠道,向世界展示中国减贫成果、讲好厦大扶贫故事、展示百年厦大的社会担当。

中南大学持续在扶贫领域扩大宣传影响。学校开通定点扶贫工作专题网站,积极宣传该校的扶贫工作。学校官网推出“中南扶贫录”专题，电视台录播扶贫宣传片4集，制作扶贫专题片2个。同时，中南大学在学校内组织开展脱贫攻坚成果展、爱心义卖会、扶贫跳蚤市场等系列活动，动员全校师生员工为脱贫攻坚决胜之战再添助力。此外，中南大学还积极面向国际学生推介扶贫成果，开展国际学生“感知中国·魅力潇湘”社会体验活动，组织参观智慧茶园、有机蔬菜基地、健康小屋等扶贫项目，让外国友人直观了解中国发展模式、感受中国发展速度、体验中国美丽乡村、见证中国扶贫成果。

(十)中国传媒大学定点帮扶工作模式

中国传媒大学作为2020年新增定点扶贫高校，承担内蒙古兴安盟科右前旗扶贫工作任务，学校充分发挥传媒院校在媒体宣传、文化创意与高校教育等方面的专业优势，整合校内外资源，以做好特色扶贫为己任、讲好扶贫故事为重点、帮扶科右前旗为抓手，走出了高效赋能扶贫工作的特色扶贫之路。其具体体现在以下几方面。

首先，传媒赋能，讲好扶贫故事，促进帮扶地区知名度跃升。学校“媒体融合与传播国家重点实验室”结对帮扶科右前旗融媒体中心，全方位提升其信息传播和宣传推广能力；策划、举办直播带货活动近20场，超过了140万人在线关注，校党委书记参与直播带货，助力消费扶贫，赢得了非常好的社会反响。以那达慕大会为切入点，设计科右前旗宣传推广方案，挖掘传媒资源，增进社会对科右前旗的了解。中央广播电视总台《新闻联播》《经济信息联播》等知名栏目，以及人民网、新华网等数十家主流媒体都参与了扶贫报道，传媒赋能，极大地提升了帮扶地区的知名度和影响力。学校承办“我的2020——全国高校师生扶贫微视频征集展示活动”，策划、制作了以教育扶贫一线故事为内容的微视频网络接力活动，引起了社会各界的积极反响。

其次，文创赋能，注重授之以渔，提高产业帮扶实效。学校充分发挥文化产业管理、广告、经济管理等专业及人才优势，对科右前旗实施“授之以渔”的帮扶战略。系统挖掘和保护草原传统文化，协助前旗巴音居日合乌拉祭成功申报国家第五批非物质文化遗产；举办首届“中国草原文化旅游发展论坛”，引入专家、学者和优质企业，为当地文旅产业发展建言献策；引入社会企业捐建文化书屋“星空坊”，打造草原旅游网红打卡新地标；创办“中传创扶”扶贫车间，助力马头琴、蒙绣等草原文化创意产品开发；引入国内知名果酱企业，研发“季小果”沙果酱等产品，预估带动科右前旗30万亩林果产业发展；依托教育部“e帮扶”消费扶贫平台，上线科右前旗农产品78个，加大宣传推介力度；动员广大师生、校友、社会企业积极参与消费扶贫，累计购买和帮助销售农特产品600余万元。学校在校内食堂开设“前旗味道”帮扶档口，不仅为帮扶地区特色美食、农产品及草原文化的展示推广搭建了平台，还是做好巩固拓展脱贫攻坚成果与乡村振兴有效衔接的具体行动，积极动员企业、校友、师生等多方力量参与推介，形成可复制的长效帮扶机制。

再次，人才赋能，打造长效机制，激发扶贫地区内生动力。学校发挥传媒艺术、媒体技术等方面的人才优势，加大智力投入，提升帮扶效能，从王志、张绍刚、李立宏等著名媒体人，到学校扶贫干部纷纷利用专业特长深度参与扶贫项目；影视创作校友团队为帮扶地区量身定制高品质宣传片，提升当地的知名度和美誉度；建设"中传书院"教育扶贫品牌，2125 人次接受专家辅导和培训；设立"中国传媒大学科右前旗教育实训基地"，选派 30 余名优秀师生前往科右前旗中小学和职业高中支教，形成了长短期相结合、基础教育和艺术教育相补充的传媒特色支教品牌。

最后，文化赋能，聚焦特殊群体，推动"智志双扶"。创新文化扶贫模式，聚焦视障人士，选择讴歌时代、歌颂人民、内容积极的电影为创作蓝本，开展"光明影院"项目，打造视障人士的"心灵盲道"。项目团队 500 多名师生志愿者制作了 300 多部无障碍电影，推广到全国 31 个省、自治区、直辖市，并对国务院扶贫办划定的 11 个集中连片特困地区进行了点对点覆盖，使近 200 万盲人朋友受益，得到了 100 所高校的积极响应，成立了"光明影院"全国高校公益联盟。举办"决胜脱贫攻坚：无障碍信息传播与文化扶贫"论坛，成立了"无障碍信息传播研究院"，标志着中国传媒大学扶贫工作进入了理论与实践相结合的新局面。

八、未来的设想

2020 年年底，我国脱贫攻坚战取得了全面胜利，2021 年是真正意义上的乡村振兴战略开局之年，正如习近平总书记所指出的"乡亲们脱贫只是迈向幸福生活的第一步，是新生活、新奋斗的起点"。高校主动发挥自身在教育、智力、人才、科技等方面优势，赋能区域经济、社会、文化等领域的全面发展，为推动乡村振兴战略奠定坚实基础，这也成为一项十分重要的研究课题。

在乡村振兴战略背景下，探索高校与乡村振兴之间的联系，明确高校在乡村振兴战略中的作用和地位。本文以实际案例为支撑，分析高校在服务乡村振兴实施过程中面临的困难与挑战，并提出相应的解决思路。从体制机制构建的角度出发，对高校服务乡村振兴战略的路径分析研究，重点在于解答作为智力资源基地的高校如何有效借助人才和科技的优势，切实实现脱贫攻坚与乡村振兴对接，形成高效、互利、协同发展的良好局面，这是对于过去脱贫攻坚相关实践的延展，具有一定的开拓性和前瞻性。

未来的研究也将继续着力于高校帮扶工作助力乡村振兴,为高等教育改革实践、高校转型发展、提升乡村振兴的服务成效提供理论和实践参考。

(杨垒垒,中国传媒大学国内交流与合作处;
孙浩,中国传媒大学学生工作部;
支彧涵,中国传媒大学国内交流与合作处)

参考文献

程华东,陈宇施,2019. 农业大学助力乡村振兴战略实施模式与路径分析——以华中农业大学为例[J]. 华中农业大学学报(社会科学版),(4):144-150+177.

程华东,刘堃,2017. 高校教育精准扶贫模式探究——以华中农业大学精准扶贫建始县为例[J]. 华中农业大学学报(社会科学版),(3):17-22+149-150.

何昊华,林高华,陈超,等,2020. 充分发挥特色优势 助力打赢脱贫攻坚——中国科学技术大学定点扶贫贵州省六枝特区工作实践与思考[J]. 中国科学院院刊,35(3):371-377+228.

胡俊生,李期,2020. 高校扶贫:目标取向、帮扶模式及提质增效对策[J]. 西北农林科技大学学报(社会科学版),20(3):25-31.

郎宏文,孙世俊,2019. 基于"四四五"工作思想的高校扶贫模式分析[J]. 高等农业教育(6):22-26.

李俊杰,李晓鹏,2018. 高校参与精准扶贫的理论与实践——基于中南民族大学在武陵山片区的扶贫案例[J]. 中南民族大学学报(人文社会科学版),38(1):79-84.

时昌桂,2019. 教育扶贫视域下高校如何精准发力[J]. 人民论坛(26):124-125.

王慧,周少倩,2020. 精准扶贫视域下高校对口扶贫的路径及效果探析——以 H 大学为例[J]. 农村·农业·农民(9):9-11.

杨智军,覃吉春,2018. 高校精准扶贫要做好"三篇文章"[J]. 人民论坛(22):62-63.

郑小梅,杜鹏,2018. 高校在精准扶贫中的误区及对策研究[J]. 学校党建与思想教育(23):71-73.

图书在版编目(CIP)数据

智能融媒体时代教育管理改革文集 / 宋金宝主编. -- 北京：中国传媒大学出版社，2023.12
ISBN 978-7-5657-3611-7

Ⅰ. ①智… Ⅱ. ①宋… Ⅲ. ①教育管理—文集 Ⅳ.①G40-058

中国国家版本馆 CIP 数据核字(2023)第 253631 号

智能融媒体时代教育管理改革文集
ZHINENG RONGMEITI SHIDAI JIAOYU GUANLI GAIGE WENJI

主　　编 宋金宝
副 主 编 战京娟　王咏梅　高　鹏
责任编辑 欧丽娜
特约编辑 郑　鸣
封面设计 拓美设计
责任印制 阳金洲

出版发行 中国传媒大学出版社
社　　址 北京市朝阳区定福庄东街 1 号　**邮　　编** 100024
电　　话 86-10-65450528　65450532　**传　　真** 65779405
网　　址 http://cucp.cuc.edu.cn
经　　销 全国新华书店

印　　刷 唐山玺诚印务有限公司
开　　本 787mm×1092mm　1/16
印　　张 12
字　　数 234 千字
版　　次 2023 年 12 月第 1 版
印　　次 2023 年 12 月第 1 次印刷

书　　号 ISBN 978-7-5657-3611-7/G・3611　**定　　价** 59.80 元

本社法律顾问：北京嘉润律师事务所　郭建平